山海经图鉴

王静珍 文 史克 绘

U0456180

绘山海

团结出版社

目 录
CONTENTS

目 录
CONTENTS

目录
CONTENTS

目 录
CONTENTS

目 录
CONTENTS

目录
CONTENTS

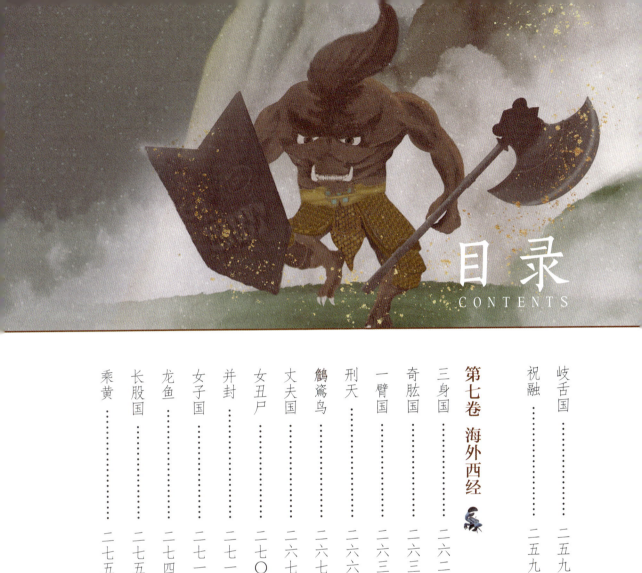

目 录
CONTENTS

目 录
CONTENTS

目录
CONTENTS

目 录
CONTENTS

解读中国上古图腾，
进入神话传说世界。

xuán guī
旋龟

（又东三百七十里，杻阳之山）怪水出焉，而东流注于宪翼之水。其中多玄龟，其状如龟而鸟首虺（huǐ）尾，其名曰旋龟，其音如判木，佩之不聋，可以为底。

解说　怪水从杻阳山发源，然后向东流入宪翼之水。怪水里有很多黑色的龟，样子像普通的乌龟，却长着鸟一样的头、蛇一样的尾巴，名字叫旋龟，它的叫声像木头被劈开时发出的响声，佩带它的甲骨耳朵不会聋，还可以治愈脚底的老茧。

旋龟，又作玄龟，《拾遗记》记载：大禹治水时，"黄龙曳尾于前，玄龟负青泥于后"，由此看出玄龟又是神话中治水的重要角色。

《山海经》中描绘了多种龟类的形象，除了旋龟，还有三足龟，良龟等。龟在中国古人的心目中是神圣而伟大的，和麟、龙、凤一起被称作"四灵"。

鹿蜀

又东三百七十里，曰枏（niǔ）阳之山，其阳多赤金，其阴多白金。有兽焉，其状如马而白首，其文如虎而赤尾，其音如谣，其名曰鹿蜀，佩之宜子孙。

解说 再向东三百七十里，有一座枏阳山，山的南面盛产黄金，山的北面盛产白银。山中有一种动物，头部是白色的，样子长得像马，身上的斑纹像老虎，尾巴是红色的，叫的声音好像人在唱歌一样优美动听，名叫鹿蜀，有人说如果把它的皮毛佩带在身上，就可以多子多孙。

类型
灵兽

形态
样子像马而白头，身上有虎斑，长着一条红色的尾巴

异象
人在身上佩带它的皮毛可以多子多孙

南山经之首曰䧿（què）山。其首曰招摇之山，临于西海之上，多桂，多金玉。有草焉，其状如韭而青华，其名曰祝馀，食之不饥。有木焉，其状如榖（gǔ）而黑理，其华四照。其名曰迷榖，佩之不迷。有兽焉，其状如禺（yù）而白耳，伏行人走，其名曰狌狌，食之善走。

解说 南方的首列山系叫做䧿山山系。䧿山山系的头一座山是招摇山，它位于西海岸边，山上生长着许多桂树，又蕴藏着丰富的金属矿物和玉石。山中有一种草，外形很像韭菜却开着青色的花朵，这种草名叫祝馀，人吃了它就不感到饥饿。山上又有一种树木，外形像构树却呈现黑色的纹理，它的花会发光，光华照耀四方，这种树的名字叫迷榖，人如果把它佩戴在身上就不会迷失方向。山中还有一种动物，样子像猿猴，长着一双白色的耳朵，既能匍伏爬行，又能像人一样直立行走，名字叫狌狌，吃了它的肉可以使人走路飞快。狌狌，现代人通常认为就是"猩猩"。关于它的形貌，说法不一。古书中说，狌狌能说话，知人名。传说它通晓过去的事情，但是却无法知道未来的事情。

类型
神兽

形态
样子像猿猴、白耳朵

异象
人吃了狌狌的肉可以走路飞快

狌狌

niǎo shēn lóng shǒu shén
鸟身龙首神

无 | 异象　　鸟身龙头 | 形态　　山神 | 类型

　　凡䧿山之首，自招摇之山，以至箕尾之山，凡十山，二千九百五十里。其神状皆鸟身而龙首。其祠之礼：毛用一璋玉瘗（yì），糈（xǔ）用稌（tú）米，白菅（jiān）为席。

解说　　总计䧿山山系之首尾，从招摇山起，到箕尾山止，一共是十座山，途经二千九百五十里。诸山山神都是鸟身龙头的样子。祭祀山神的典礼是：把畜禽和璋一起埋入地下，祀神的米用稻米，用白茅草来做神的座席。

南次二山之首，曰柜山，西临流黄，北望诸毗，东望长右。英水出焉，西南流注于赤水，其中多白玉，多丹粟。有兽焉，其状如豚，有距，其音如狗吠，其名曰狸力，见则其县多土功。

解说

南方第二列山系的第一座山是柜山，它的西边临近流黄邦氏国和流黄辛氏国，向北可以望见诸毗山，向东可以望见长右山。英水从这座山发源，向西南流入赤水，水中蕴藏着丰富的白色玉石，还有很多粟粒般大小的丹砂。山中有一种野兽，样子像小猪，长着一双鸡爪，叫的声音如同狗叫，名叫狸力，它出现的地方，预示有繁重的水土工程。

传说狸力出现的地方多土工，狸力可能是善于掘土的动物。

狸力

类目
神兽

形态
样子像小猪，长着一双鸡爪

异象
它出现的地方，预示有繁重的水土工程

又东三百里，曰青丘之山，其阳多玉，其阴多青䨼（huò）。有兽焉，其状如狐而九尾，其音如婴儿，能食人，食者不蛊。

解说

再向东三百里，有一座青丘山，山的南面盛产玉石，山的北面多出产青䨼。山中有一种动物，样子像狐狸却长着九条尾巴，叫的声音如婴儿啼哭的声音，能吞食人，人如果吃了它的肉就不会中妖邪毒气。

九尾狐最基本的特点就是"九尾"，传说世平则出为瑞也。《瑞应图谱》中说："王者不倾于色，则九尾狐至焉。"而《宋书·符瑞志》则说："白狐，王者仁智则至。"《孝经》援神契说："德至鸟兽，则狐九尾。"但是九尾狐最晚在北宋初期已被妖化了，而早期也有吃人的凶恶形象。

类型
灵兽

形态
样子像狐狸，长着九条尾巴

异象
人吃了它的肉不会中妖邪毒气

jiǔ wěi hú
九尾狐

fèng huáng

凤皇

类型
瑞鸟

形态
样子像鸡，全身是五彩羽毛

异象
凤皇一出现，天下就会太平

　　又东五百里，曰丹穴之山，其上多金玉。丹水出焉，而南流注于渤海。有鸟焉，其状如鸡，五采而文，名曰凤皇，首文曰德，翼文曰义，背文曰礼，膺文曰仁，腹文曰信。是鸟也，饮食自然，自歌自舞，见则天下安宁。

解说　　再往东五百里，有一座丹穴山，山上盛产金属矿物和玉石。丹水从这座山发源，然后向南流入渤海。山中有一种鸟，样子像鸡，全身是五彩羽毛，名叫凤皇，头上的花纹是"德"字的形状，翅膀上的花纹是"义"字的形状，背部的花纹是"礼"字的形状，胸部的花纹是"仁"字的形状，腹部的花纹是"信"字的形状。这种鸟吃喝很自然从容，常常是自个儿边唱边舞，它一出现天下就会太平。

　　凤皇亦作凤凰，古代传说中凤是百鸟之王，凤飞，鸟从以万数，雄曰凤，雌曰凰，总称为凤凰。常用来象征祥瑞，凤凰齐飞，是吉祥和谐的象征，自古凤凰和龙都是中国文化的主要图腾。

南山经

一〇

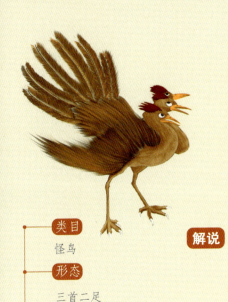

qú rú
瞿如

（祷过之山）有鸟焉，其状如鹌，而白首、三足、人面，其名曰瞿如，其鸣自号也。

解说 山中有一种禽鸟，样子像鸡，白色的脑袋，长着三只脚，人一样的脸，名叫瞿如，它的名字就是根据叫声来命名的。

瞿如图有三种形状：其一，人面三足鸟；其二，三首二足鸟，非人面；其三，一首三足鸟，非人面。

类目
怪鸟

形态
三首二足

异象
无

又东五百里，曰鹿吴之山，上无草木，多金石。泽更之水出焉，而南流注于滂水。水有兽焉，名曰蛊雕，其状如雕而有角，其音如婴儿之音，是食人。

解说 再向东五百里，有一座鹿吴山，山上没有花草树木，但有丰富的金属矿物和玉石。泽更水从这座山发源，然后向南流入滂水。水中有一种野兽，名叫蛊雕，样子像普通的雕却头上有角，发出的声音像婴儿啼哭的声音，能吃人。

蛊雕的形状有两种：其一，鸟形，似雕独角；其二，豹形，鸟喙一角。

考古学家在陕西神木纳林高兔村，发现战国晚期匈奴墓出土的纯金鹰嘴鹿形兽身怪兽，在造型上与《山海经》的蛊雕有相像的地方。

类型
怪兽

形态
样子像普通的雕却头上有角

异象
能吃人

gǔ diāo
蛊雕

sì
兕

异象 | 无

形态 | 样子像牛，全身青黑色，长着一只角

类型 | 神兽

东五百里，曰祷过之山，其上多金玉，其下多犀兕，多象。

解说 从天虞山向东五百里，有一座祷过山，山上盛产金属矿物和玉石，山下到处是犀牛与兕，还有很多大象。

《山海经·海内南经》记载:湘水的南边、帝舜墓冢的东边生长着兕这种猛兽。兕的样子像牛，全身青黑色，长着一只角。兕的样子以巨首独角为主要特征。古代典籍中，老虎经常和兕一起出现，如《论语》中的"虎兕出于匣"，《红楼梦》中的"虎兕相逢大梦归"等，虎和兕双方势力相当，不分高下，凶悍异常。

兕为文德之兽，经常出现在古代青铜器和画像石图饰中，是力量和威猛的象征。

hǔ jiāo
虎蛟

（祷过之山）浪水出焉，而南流注于海。其中有虎蛟，其状鱼身而蛇尾，其音如鸳鸯，食者不肿，可以已痔。

类型
怪兽

形态
样子像普通的鱼，长着蛇尾

异象
吃了它的肉就不会生痈肿疾病，还能治愈痔疮

解说 浪水从这座山发源，然后向南流入大海。水里有一种虎蛟，样子像普通的鱼，长着蛇一样的尾巴，叫声与鸳鸯相似，人如果吃了它的肉就不会生痈肿疾病，还能治愈痔疮。

又东三百里，曰基山，其阳多玉，其阴多怪木。有兽焉，其状如羊，九尾四耳，其目在背，其名曰猼訑（bó yí），佩之不畏。

解说 再向东三百里，有一座基山，山的南面盛产玉石，山的北面有很多奇形怪状的树木。山中有一种野兽，样子像羊，长着九条尾巴和四只耳朵，眼睛长在背上，名称叫猼訑，人只要将它的皮毛佩带在身上，就不会产生恐惧心。
郭璞《山海经图赞》里说："猼訑似羊，眼反在背。视之则奇，推之无怪。若欲不恐，厥皮可佩。

类型
怪兽

形态
样子像羊，
九条尾巴，
四只耳朵，
眼睛长在背上

异象
人把它的皮毛佩带在身上，
就不会产生恐惧心

bó yí
猼 訑

𥽥
鲑

类型
怪鱼

形态
样子像牛，长着蛇尾，有翅膀长在肋骨下

异象
吃了它的肉不会患痈肿病

又东三百里，曰柢（dǐ）山，多水，无草木。有鱼焉，其状如牛，陵居，蛇尾有翼，其羽在鮨（xié）下，其音如留牛，其名曰鲑（lù），冬死而夏生，食之无肿疾。

解说 再向东三百里，有一座柢山，山间多水流，没有花草树木。水里有一种鱼，样子像牛，栖息在山坡上，长着蛇一样的尾巴，有翅膀，而翅膀长在肋骨下，鸣叫的声音像留牛的声音，名叫鲑，它冬天蛰伏休眠如同死亡，而夏天又苏醒，吃了它的肉人就不会患痈肿疾病。

chì rú
赤鱬

又东三百里，曰青丘之山，其阳多玉，其阴多青䨼。英水出焉，南流注于即翼之泽。其中多赤鱬，其状如鱼而人面，其音如鸳鸯，食之不疥。

解说 再往东三百里，有一座青丘山，山的南面多产玉石，山的北面多产青䨼。英水从这里发源，然后向南流入即翼泽。泽中有很多赤鱬，样子像鱼却长着一副人的面孔，发出的声音如同鸳鸯鸟在叫，吃了它的肉就能使人不生疥疮。

又东四百里，曰亶爰（chán yuán）之山，多水，无草木，不可以上。有兽焉，其状如狸而有髦（máo），其名曰类，自为牝牡，食者不妒。

解说 再向东四百里，有一座亶爰山，山间多水流，没有花草树木，人无法上去。山中有一种动物，样子像野猫，却长着像人一样的长头发，名叫类，这种动物雌雄共体，人只要吃了它的肉就不会产生妒忌心。

类是一种雌雄共体的奇兽，传说今云南化县有此兽，土人称作香髦，具有牝牡两体。

lèi

类

féi yí
肥遗

异象 它一出现天下就会大旱

形态 长着六只脚和四只翅膀

类型 怪蛇

又西六十里，曰太华之山，削成而四方，其高五千仞，其广十里，鸟兽莫居。有蛇焉，名曰肥遗，六足四翼，见则天下大旱。

解说 再往西六十里，有一座太华山，山崖陡峭像刀削而呈现四方形，高五千仞，宽十余里，禽鸟野兽根本无法在此栖身。山中有一种蛇，名叫肥遗，长着六只脚和四只翅膀，它一出现天下就会大旱。

qián yáng
羬羊

西山经华山之首，曰钱来之山，其上多松，其下多洗石。有兽焉，其状如羊而马尾，名曰羬羊，其脂可以已腊（xī）。

解说

西方第一列华山山系的第一座山，叫钱来山，山上有许多松树，山下多产洗石。山中有一种野兽，样子像羊却长着马一样的尾巴，名叫羬羊，羬羊的油脂可以治疗干裂的皮肤。

类型
怪兽

形态
样子像羊，长着马尾巴

异象
羬羊的油脂可以治疗干裂的皮肤

西四十五里，曰松果之山。濩水出焉，北流注于渭，其中多铜。有鸟焉，其名曰螐渠，其状如山鸡，黑身赤足，可以已𤺄。

解说　从钱来山往西四十五里，有一座松果山。濩水从这座山发源，向北流入渭水，水中蕴藏着丰富的铜。山中有一种禽鸟，名叫螐渠，样子像山鸡，长着黑色的身子和红色的爪子，它的油脂可以治疗皮肤干皱。

tóng qú
螐渠

类型
奇鸟

形态
样子像山鸡，
长着黑色的身子、红色的爪子

异象
螐渠的油脂可以治疗皮肤干皱

zuò niú

㸮牛

类型	形态	异象
异兽	体形巨大	无

又西八十里，曰小华之山，其木多荆杞，其兽多㸮牛，其阴多磬石，其阳多㻬琈（tú fú）之玉。

解说 再往西八十里，有一座小华山，山上的树木大多是牡荆树和枸杞树，山中的野兽大多是㸮牛，山的北面盛产磬石，山的南面盛产㻬琈玉。㸮牛是一种巨牛。郭璞注：今华阴山中多山牛、山羊，肉皆千斤，牛即此牛。

赤鷩

（小华之山）鸟多赤鷩，可以御火。

解说 山里有许多赤鷩鸟，饲养它就可以避免火灾。
郭璞注："赤鷩，山鸡之属，胸腹洞赤，冠
金，背黄，头绿，尾中有赤，毛彩鲜
明。"《本草纲目》：赤鷩，即鷩雉，为雉科
动物红腹锦鸡，其肉质"甘，温，微毒"。

类型
神鸟

形态
样子像山鸡而小，
冠金色，背黄色，
头绿色，胸腹和
尾巴赤红色

异象
饲养它可以避免火灾

又西八十里，曰符禺之山，其阳多铜，其阴多铁。其上有木焉，名曰文茎，其实
如枣，可以已聋。其草多条，其状如葵，而赤华黄实，如婴儿舌，食之使人不惑。符
禺之水出焉，而北流注于渭。其兽多葱聋，其状如羊而赤鬣。

解说 再往西八十里，有一座符禺山，山的南面盛产铜，山的北面蕴藏着铁矿。山上有
一种树木，名叫文茎，它结的果实像枣子，可以用来治疗耳聋。山中生长的草大
多是条草，样子与葵菜相似，开红花，结黄果，果实像婴儿的舌头，吃了它就可使
人不受迷惑。符禺水从这座山发源，然后向北流入渭水。山中的野兽大多是葱
聋，样子像羊却长着红色的鬣毛。

类型
神兽

形态
样子像羊，
长有红色
的鬣毛

异象
无

葱聋

bàng yú
鲜鱼

无 异象　样子像鳖 形态　奇鱼 类型

又西七十里，曰英山，其上多㭰檀，其阴多铁，其阳多赤金。禹水出焉，北流注于招水，其中多鲜鱼，其状如鳖，其音如羊。

解说 再往西七十里，有一座英山，山上到处是㭰树和檀树，山的北面盛产铁，而山的南面盛产黄金。禹水从这座山发源，向北流入招水，水中有很多鲜鱼，样子像鳖，发出的声音像羊叫的声音。

mín
鴟

（符禺之山）其鸟多鴟，其状如翠而赤喙
（huì），可以御火。

解说

山上的禽鸟大多是鴟鸟，样子像翠鸟却长着红色
的嘴巴，饲养它可以辟火。

类型
神鸟

形态
样子像翠鸟，长着红色的嘴巴

异象
饲养它可以辟火

又西七十里，曰英山，其上多枒檀，其阴多铁，其阳多赤金。有鸟焉，其状如
鹑，黄身而赤喙，其名曰肥遗，食之已疠，可以杀虫。

解说 再往西七十里，有一座英山，山上有很多枒树和檀树，山的北面盛产铁矿，
山的南面盛产铜矿。山中有一种禽鸟，样子像鹌鹑鸟，黄身子而红嘴巴，名
叫肥遗，人吃了它的肉就能治愈麻风病，还能杀死体内寄生虫。

类型
益鸟

形态
样子像鹌鹑鸟，
黄身子，红嘴巴

异象
吃了它的肉能
治愈麻风病，
还能杀死体内
的寄生虫

féi yí
肥 遗

tuó féi

橐蜚

怕打雷

异象

佩带它的羽毛在身上就不会怕打雷

形态

样子像猫头鹰，长着人的面孔，而只有一只脚

类型

怪鸟

又西七十里，曰瑜次之山，漆水出焉，北流注于渭。其上多棫橿，其下多竹箭，其阴多赤铜，其阳多婴垣之玉。有鸟焉，其状如枭，人面而一足，曰橐蜚，冬见夏蛰，服之不畏雷。

解说 再往西七十里，有一座瑜次山。漆水从这里发源，向北流入渭水。山上有很多的棫树和橿树，山下有茂密的小竹丛，山的北面多产赤铜，山的南面多产婴垣玉。山中有一种禽鸟，样子像猫头鹰，长着人的面孔，一只脚，叫做橐蜚，常常是冬天出现而夏天蛰伏，佩带它的羽毛在身上就不会怕打雷。

又西七十里，曰瀱次之山，漆水出焉，北流注于渭。其上多械（yù）橿，其下多竹箭，其阴多赤铜，其阳多婴垣之玉。有兽焉，其状如禺而长臂，善投，其名曰嚣。

类型
异兽
形态
样子像猿猴，双臂很长
异象
无

解说

再向西七十里，有一座瀱次山，漆水发源于此，向北流入渭水。山上有茂密的械树和橿树，山下有茂密的小竹丛，山的阴面有丰富的赤铜，而山的阳面有丰富的婴垣玉。山中有一种野兽，样子像猿猴而双臂很长，擅长投掷，名叫嚣。

又西五十二里，曰竹山，其上多乔木，其阴多铁。有草焉，其名曰黄蘿，其状如楮，其叶如麻，白华而赤实，其状如赭，浴之已疥，又可以已胕。有兽焉，其状如豚而白毛，毛大如笄而黑端，名曰豪彘。

解说 再往西五十二里，有一座竹山，山上有很多高大的乔木，山的北面盛产铁矿。山中有一种草，名叫黄蘿，外形像楮树，叶子像麻叶，开白花，结红果，果实的颜色呈紫红色，用它来洗澡可以治愈疥疮，还可以治疗浮肿病。山中有一种野兽，样子像小猪却长着白色的毛，毛如笄子粗细而尖端呈黑色，名叫豪彘。

豪彘，即豪猪，俗称箭猪。《桂海兽志》记载：山猪即豪猪，身有棘刺，能振发以射人。三二百为群，以害禾稼，州洞中甚苦之。

类型
异兽
形态
样子像小猪、白色的毛，毛如笄子粗细而尖端呈黑色
异象
无

jué rú
獶如

类型	形态	异象
怪兽	样子像鹿，长着白尾、马蹄、人手、四只角	无

西南三百八十里，曰皋涂之山，蔷水出焉，西流注于诸资之水。涂水出焉，南流注于集获之水。其阳多丹粟，其阴多银、黄金，其上多桂木。有白石焉，其名曰礜（yù），可以毒鼠。有草焉，其状如藁茇（gǎo bá），其叶如葵而赤背，名曰无条，可以毒鼠。有兽焉，其状如鹿而白尾，马足人手而四角，名曰獶如。

解说 往西南三百八十里，有一座皋涂山，蔷水从这里发源，向西流入诸资水。涂水也从这里发源，向南流入集获水。山的南面多产谷粒般大小的红色细沙，山的北面多产银、黄金，山上有很多桂树。山中有一种白色的石头，名叫礜，可以用来毒杀老鼠。山中有一种草，形状像藁茇，叶子像葵菜的叶，背面是红色的，名叫无条，可以用来毒杀老鼠。山中还有一种野兽，样子像鹿却长着白色的尾巴、马蹄、人手、又有四只角，名叫獶如。

shù sī
数斯

（皋涂之山）有鸟焉，其状如鹛而人足，名曰数斯，食之已瘿。

类型
奇鸟

形态
样子像鹛鹰，长着人一样的脚

异象
吃了它的肉能治愈脖子上的赘瘤病

解说

山中有一种禽鸟，样子像鹛鹰却长着人一样的脚，名叫数斯，吃了它的肉就能治愈脖子上的赘瘤病。

又西三百五十里，曰天帝之山，多棕枏，下多菅蕙。有兽焉，其状如狗，名曰溪边，席其皮者不蛊。

解说 再往西三百五十里，有一座天帝山，山上有很多棕树和楠木树，山下有很多茅草和蕙草。山中有一种野兽，样子像狗，名叫溪边，用它的皮做铺垫就不会中妖邪毒气。

类型
奇兽

形态
样子像狗

异象
用它的皮做铺垫就不会中妖邪毒气

xī biān
溪边

fú xī

凫徯

类型 凶鸟

形态 样子像雄鸡却长着人一样的脸面

异象 它一出现天下就会有战争

又西二百里，曰鹿台之山，其上多白玉，其下多银，其兽多㸲牛、羬羊、白豪。有鸟焉，其状如雄鸡而人面，名曰凫徯，其鸣自叫也，见则有兵。

解说 再往西二百里，有一座鹿台山，山上多出产白玉，山下多出产银，山中的野兽以㸲牛、羬羊、白豪居多。山中有一种禽鸟，样子像雄鸡却长着人一样的脸面，名叫凫徯，它的名字就是根据叫声来命名的，凫徯一出现天下就会有战争。

凫徯是人面鸟身的凶鸟，古人认为是大恶之鸟。吴任臣说：鸟人面者，非大善则大恶；大善者频迦，大恶者凫徯。凫徯和朱厌都是兵燹（xiǎn）的征兆。

西山经

四一

lěi
鸓

（翠山）其多鸓，其状如鹊，赤黑而两首、四足，可以御火。

类型
双头奇鸟

形态
样子像喜鹊，长着红黑色羽毛、两个脑袋、四只脚

异象
人饲养它可以避免火灾

解说
山中的禽鸟大多是鸓鸟，样子像喜鹊，长着红黑色羽毛和两个脑袋、四只脚，人饲养它可以避免火灾。

《事物绀珠》说，鸥、鸓、駅鵌都能辟火。鸥、鸓、駅鵌，都是《山海经》中的奇鸟。

西南三百里，曰女床之山，其阳多赤铜，其阴多石涅，其兽多虎、豹、犀、兕。有鸟焉，其状如翟（dí）而五采纹，名曰鸾鸟，见则天下安宁。

解说 往西南三百里，有一座女床山，山的南面多出产红铜，山的北面多出产石涅，山中的野兽以老虎、豹子、犀牛和兕居多。山里有一种禽鸟，样子像野鸡却长着色彩斑斓的羽毛，名叫鸾鸟，它一出现天下就会安宁。

根据《大荒西经》记载，五采鸟有三种：一曰皇鸟，一曰鸾鸟，一曰凤鸟。因鸾鸟生长在古时候的鸾州（现洛阳栾川县），而得名。

关于鸾和凤凰的关系，说法不一，一说鸾是近于凤的瑞鸟，但地位不及

类型
瑞鸟

形态
样子像野鸡，长着色彩斑斓的羽毛

凤，二说人们把鸾鸟作为凤的别称，并称"鸾凤"。还有一种观点，"凤"和"鸾"指的是同一种鸟，但"凤"指的是成鸟，而"鸾"则指的是尚未成熟的鸟，"鸾"一旦成熟，就叫"凤"。

《异苑》记载，罽宾王养一鸾，三年不鸣，后悬镜照之，

异象
它出现天下就会安宁

鸾睹影悲鸣，一奋而绝。后人在诗中多以鸾镜表示临镜而生悲。

luán niǎo
鸾 鸟

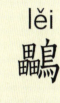

zhū yàn
朱厌

异象 它一出现就会
发生大的战争

形态 样子像猿猴，
长着白色的头、
红色的脚

类型 凶兽

又西四百里，曰小次之山，其上多白玉，其下多赤铜。有兽焉，其状如猿，而白首赤足，名曰朱厌，见则大兵。

解说 再往西四百里，有一座小次山，山上盛产白玉，山下有丰富的铜矿。山中有一种野兽，样子像猿猴，但头是白色的，脚是红色的，名叫朱厌，它一出现就会发生大的战争。

朱厌为凶兽，与凫徯一样，都是兵燹（xiǎn）的征兆。据传说这种野兽一出现，天下就会发生大的战争。

人面马身神

凡西次二经之首，自铃山至于莱山，凡十七山，四千一百四十里。其十神者，皆人面而马身。

类型
山神

形态
人的面孔，
马的身子

异象
无

解说 总计西方第二列山系的首尾，自铃山起到莱山止，一共十七座山，途经四千一百四十里。其中十座山的山神，都是人面马身。

（凡西次二经之首，自铃山至于莱山，凡十七山，四千一百四十里。）其七神皆人面而牛身，四足而一臂，操杖以行，是为飞兽之神。

解说 另外七座山的山神都是人面牛身，四只脚和一条手臂，扶着拐杖行走，这就是所谓的飞兽之神。

由于其一臂操仗以行，能行疾如飞，所以叫飞兽之神，又称七神。

类型
山神

形态
人面，牛身，
四只脚，一条手臂

异象
无

人面牛身神

gǔ
鼓

类型

神

形态

人的面孔，
龙的身子

异象

它一出现国家
就会有旱灾

又西北四百二十里，曰钟山。其子曰鼓，其状如人面而龙身，是与钦䲹（péi）杀
葆江于昆仑之阳，帝乃戮之钟山之东曰崖。钦䲹化为大鹗，其状如雕而黑文白首，赤
喙而虎爪，其音如晨鹄，见则有大兵。鼓亦化为鵕（jùn）鸟，其状如鸱，赤足而直
喙，黄文而白首，其音如鹄，见则其邑大旱。

解说 再往西北四百二十里，有一座钟山。钟山的儿子叫做鼓，鼓的样子是人面龙
身，他曾和钦䲹神联手在昆仑山的南面杀死天神葆江，天帝因此将鼓与钦䲹
诛杀在钟山东面一个叫崖的地方。钦䲹化为一只大鹗，外形像普通的雕鹰却
长有黑色的斑纹和白色的脑袋，红色的嘴巴和老虎一样的爪子，发出的声音
如同晨鹄鸣叫，它一出现就会有大的战争。鼓也化为鵕鸟，外形像一般的鸱
鹰，长着红色的脚和直直的嘴，身上是黄色的斑纹而头却是白色的，发出的
声音与鸿鹄的叫声很相似，它一出现国家就会有旱灾。

蛮蛮

（崇吾之山）有鸟焉，其状如凫，而一翼一目，相得乃飞，名曰蛮蛮，见则天下大水。

解说

山中有一种禽鸟，样子像野鸭，只长了一个翅膀和一只眼睛，要两只鸟合起来才能飞翔，名叫蛮蛮，它一出现天下就会发生大的水灾。蛮蛮即是比翼鸟，《尔雅·释地》称作鹣鹣。古人将比翼鸟视作成双成对、不离不弃的美好爱情的象征。

类型
异鸟

形态
样子像野鸭，只长一个翅膀和一只眼睛

异象
它一出现天下就会发生大的水灾

西次三经之首，曰崇吾之山，有兽焉，其状如禺而文臂。豹虎（袁珂案：疑是尾字之误）而善投，名曰举父。

解说 西方第三列山系的第一座山，叫做崇吾山，山中还有一种野兽，样子像猿猴而臂上却有斑纹，有豹子一样的尾巴而擅长投掷，名叫举父。

类型
异兽

形态
样子像猿猴而臂上有斑纹，有豹子一样的尾巴

异象
无

举父

类型	形态	异象
奇鱼	样子像鲤鱼、鱼身、鸟翅、全身苍色斑纹、白脑袋、红嘴	它一出现天下就会五谷丰登

又西百八十里，曰泰器之山，观水出焉，西流注于流沙，是多文鳐鱼，状如鲤鱼，鱼身而鸟翼，苍文而白首赤喙，常行西海，游于东海，以夜飞。其音如鸾鸡，其味酸甘，食之已狂，见则天下大穰（ráng）。

解说 再往西一百八十里，有一座泰器山，观水从这里发源，向西流入流沙。观水中有很多文鳐鱼，样子像鲤鱼，鱼的身子，鸟的翅膀，浑身是苍色的斑纹、白脑袋，红嘴巴，常常在西海行走，在东海畅游，在夜间飞行。它发出的声音如同鸾鸡鸟的啼叫声，它的肉是酸中带甜，人如果吃了它的肉就可治好癫狂病，它一出现天下就会五谷丰登。

文鳐鱼一种鱼鸟共体的奇鱼，属于飞鱼类，是丰年的征兆。

（槐江之山）实惟帝之平圃，神英招司之，其状马身而人面，虎文而鸟翼，徇于四海，其音如榴。

解说

槐江山确实可以说是天帝悬在半空的园圃，由神英招主管着，神英招的样子是马身人面，身上长有老虎的斑纹和禽鸟的翅膀，巡行四海传布天帝的旨命，发出的声音像"榴榴"的声音。英招是槐江山上的神，是集人、马、虎、鸟四形于一身的神。

类型
神

形态
马身、人面、老虎的斑纹和禽鸟的翅膀

异象
无

（槐江之山）爱有淫水，其清洛洛。有天神焉，其状如牛，而八足二首马尾，其音如勃皇，见则其邑有兵。

解说 这里有大水下泻，清清冷冷而汨汨流淌。有个天神住在山中，他的样子像牛，但却长着八只脚、两个脑袋、一条马的尾巴，啼叫声如同人在吹奏乐器时薄膜发出的声音，它一出现国家就会有战争。

类型
凶神

形态
样子像牛，长着八只脚、两个脑袋，一条马尾巴

异象
它一出现国家就会有战争

lù wú
陆吾

| 类型 | 神 | 形态 | 虎身而九尾，人面虎爪 | 异象 | 无 |

西南四百里，曰昆仑之丘，是实惟帝之下都，神陆吾司之。其神状虎身而九尾，人面而虎爪；是神也，司天之九部及帝之囿时。

解说 往西南四百里，有一座昆仑山，这里是天帝在下界的都邑，神陆吾主管它。这位神的样子是老虎的身子却有九条尾巴，一副人的面孔可长着老虎的爪子；这位神是主管天上的九部和天帝园林中蓄养禽兽的时节。

陆吾即肩吾、坚吾，是人虎共体的怪神，陆吾与《海内西经》的昆仑开明兽是同一个神，都是昆仑山的神，帝城之守。

根据记载，陆吾还有一种九首人面虎身的形貌。

tǔ lóu
土蝼

（昆仑之丘）有兽焉，其状如羊而四角，名曰土蝼，是食人。

解说

山中有一种野兽，样子像羊却长着四只角，名叫土蝼，是能吃人的凶兽。

类型
凶兽

形态
样子像羊却长着四只角

异象
能吃人

（昆仑之丘）有鸟焉，其状如蜂，大如鸳鸯，名曰钦原，蠚（zhē）鸟兽则死，蠚木则枯。

解说

山中有一种禽鸟，样子像蜜蜂，大小与鸳鸯差不多，名叫钦原，蠚中鸟兽鸟兽会死，蠚中树木树木会枯。

昆仑山自古以来便是珍禽异兽聚集之地，传说昆仑山上也住着无数的神仙，甚至包括西王母这样重量级的人物，既然如此重要，有钦原这样的古怪生物守卫圣域就不足为奇了。

qīn yuán
钦原

类型
凶鸟

形态
样子像蜜蜂，
大小如鸳鸯

异象
蠚中鸟兽鸟兽会死，
蠚中树木树木会枯

xī wáng mǔ

西王母

类型	形态	异象
天神	样子像人，豹尾虎齿，喜欢啸叫，蓬松的头发上戴着玉胜	无

又西北三百五十里，曰玉山，是西王母所居也。西王母其状如人，豹尾虎齿而善啸，蓬发戴胜，是司天之厉及五残。

解说 再往西三百五十里，有一座玉山，这是西王母居住的地方。西王母的样子像人，长着豹子一样的尾巴，老虎一样的牙齿，喜好啸叫，蓬松的头发上戴着玉胜，是主管上天灾厉和五刑残杀之气的天神。

《山海经》三次出现对西王母的描述，西王母从半人半兽到人，而又王者，经历了若干变异。从西王母的变异可以看出，《山海经》实非一时一地一人所作。

三青鸟

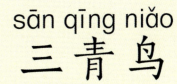

又西二百二十里，曰三危之山，三青鸟居之。是山也，广员百里。

解说 再往西二百二十里，有一座三危山，三青鸟栖息在这里。这座三危山，方圆上百里。三青鸟是为西王母取食的神鸟，共三只，又称三鸟。关于三青鸟的形状和神职，《大荒西经》记，有西王母之山，有三青鸟赤首黑目，一名大鵹，一名少鵹，一名曰青鸟。又《海内北经》记：西王母梯几而戴胜杖，其南有三青鸟，为西王母取食，在昆仑虚北。

类型
神鸟

形态
红色的头，黑色的眼睛

异象
无

又西三百七十里，曰乐游之山，桃水出焉，西流注于稷泽，是多白玉，其中多鳛鱼，其状如蛇而四足，是食鱼。

解说 再往西三百七十里，有一座乐游山，桃水从这座山发源，向西流入稷泽，这里到处有白色玉石，水中还有很多鳛鱼，样子像蛇却长着四只脚，是能吃鱼类的怪鱼。

类型
怪鱼

形态
样子像蛇却长着四只脚

异象
能吃鱼类

鳛鱼

zhēng

狰

无

异象

样子像赤豹，
长着五条尾巴
和一只角

形态

怪兽

类型

  又西二百八十里，曰章莪（é）之山，无草木，多瑶碧。所为甚怪。有兽焉，其状如赤豹，五尾一角，其音如击石，其名曰狰。

解说 再往西二百八十里，有一座章莪山，山上没有花草树木，到处是瑶、碧一类的美玉。山里常常出现十分怪异的物象。山中有一种野兽，样子像赤豹，长着五条尾巴和一只角，发出的声音如同敲击石头的响声，名叫狰。

shèng yù
胜遇

（玉山）有鸟焉，其状如翟而赤，名曰胜遇，是食鱼，其音如录，见则其国大水。

解说 山中有一种鸟，样子像野鸡却全身是红色，名叫胜遇，是能吃鱼类的水鸟，发出的声音像鹿鸣叫的声音，它一出现国家就会发生大水。

类型
凶鸟

形态
样子像野鸡，
全身红色

异象
它一出现国家
就会发生大水

（玉山）有兽焉，其状如犬而豹文，其角如牛，其名曰狡，其音如吠犬，见则其国大穰（ráng）。

解说 山中有一种野兽，样子像狗却长着豹子的斑纹，头上的角与牛角相似，名叫狡，发出的声音如同狗叫声，它一出现国家就会五谷丰登。

汉代许慎先生的《说文解字》说：狡为少犬，即是小狗的意思。据记载，匈奴地有一种犬类，长着巨大的嘴巴，全身是黑色，这个犬的名字叫狡犬。

类型
瑞兽

形态
样子像狗，
长着豹子的斑纹，
角与牛角相似

异象
它一出现国家
就会五谷丰登

jiǎo
狡

tiān gǒu
天狗

类型
吉兽

形态
样子像野猫，
白色的脑袋

异象
人饲养它可以
辟凶邪之气

又西三百里，曰阴山。浊浴之水出焉，而南流注于蕃泽，其中多文贝。有兽焉，其状如狸而白首，名曰天狗，其音如榴榴，可以御凶。

解说 再往西三百里，有一座阴山。浊浴水从这座山发源，然后向南流入蕃泽，水中有很多五彩斑斓的贝壳。山中有一种野兽，样子像野猫，长着白色的脑袋，名字叫做天狗，天狗发出的叫声像"榴榴"的声音，人们饲养它可以辟凶邪之气。

民间常把月食称作"天狗食月"，食月的天狗是月中凶神，《协纪辨方书》记载道：天狗出现之日，忌讳祭祀鬼神和祈求福德。人们认为燃放鞭炮、敲锣打鼓等所制造的巨大声响可以吓跑天狗。

bì fāng
毕方

（章莪之山）有鸟焉，其状如鹤，一足，赤文青质而白喙，名曰毕方，其鸣自叫也，见则其邑有讹（é）火。

类型
凶鸟

形态
样子像鹤，一只脚、红斑、青身、白嘴

异象
它一出现国家就会发生怪火

解说 山中有一种鸟，样子像鹤，但只有一只脚，红色的斑纹和青色的身子，一张白嘴巴，名叫毕方，它的名字就是根据叫声来命名的，它一出现国家就会发生怪火。
《海外南经》记载的毕方鸟却是人面独足鸟，可知毕方鸟是有两种。

西水行四百里，曰流沙，二百里至于嬴（luǒ）母之山，神长乘司之，是天之九德也，其神状如人而豹尾。其上多玉，其下多青石而无水。

解说 往西行四百里水路，就是流沙，再行二百里便到嬴母山，神长乘主管这里，他是天的九德之气所生，这个神的样子像人却长着豹子的尾巴。山上到处是玉石，山下到处是青石而没有水。

类型
神

形态
样子像人却长着豹子的尾巴

异象
无

cháng shèng
长乘

qí tóng
耆童

无 | 异象
道骨仙风 | 形态
神 | 类型

又西一百九十里，曰騩山，其上多玉而无石。神耆童居之，其音常如钟磬。其下多积蛇。

解说 再往西一百九十里，有一座騩山，山上遍布美玉而没有石头。神耆童居住在这里，他发出的声音常常像是敲钟击磬的响声。山下到处都是蛇。

耆童，即是老童，颛顼之子。传说耆童声音如钟磬，能作乐风，是音乐的创始人。《大荒西经》有记载：颛顼生老童，老童生祝融，祝融生太子长琴，是处榣山，始作乐风。又说：颛臾生老童，老童生重及黎，帝令重献于天，令黎邛下地。传说耆童为蛇媒，郝懿行在此经"神耆童"条"其下多积蛇"句下有注说："今蛇媒，所在有之。其蛇委积，不知所来，不知所去，谓之蛇媒也。"

傲猰

（三危之山）其上有兽焉，其状如牛，白身四角，其豪如披蓑，其名曰傲猰，是食人。

类型
凶兽

形态
样子像牛，白色的身子四只角，硬毛长又密，像披着蓑衣

异象
能吃人

解说 山上有一种野兽，样子像牛，却长着白色的身子和四只角，身上的硬毛又长又密好像披着蓑衣，名叫傲猰，这种动物能吃人。

（三危之山）有鸟焉，一首而三身，其状如鹗，其名曰鸱。

解说 山中有一种禽鸟，长着一个脑袋却有三个身子，样子像鹗鸟，名叫鸱。

鸱，古书上称鸱鹰、鸱鸮，俗称猫头鹰。鸱鸮属猛禽类大鸟，由于形貌与声音丑恶，向来被视为不祥之鸟。根据考古学家发现，鸱的形象大量出现在商周礼器之中，作为猛兽与必胜的象征，带有神圣的性质。到了汉代，鸱鸮作为灵魂世界的引导者与守护者，也常见于丧葬有关的绘画、画像与帛画之中。

类型
猛禽

形态
长着一个脑袋、三个身子，样子像鹗鸟

异象
无

chī

鸱

dì jiāng

帝江

类型　神

形态　样子像黄色口袋，长着六只脚和四只翅膀

异象　没有面和目，发出的光像红色的火

又西三百五十里，曰天山，多金玉，有青、雄黄。英水出焉，而西南流注于汤谷。有神焉，其状如黄囊，赤如丹水，六足四翼，浑敦无面目，是识歌舞，实为帝江也。

解说 再往西三百五十里，有一座天山，山上有丰富的金属矿物和玉石，也出产石青、雄黄。英水从这座山发源，然后向西南流入汤谷。山里住着一个神，样子像黄色的口袋，发出的光红如火，长着六只脚和四只翅膀，浑浑沌沌没有面目，他却知道唱歌跳舞，这个神实际上就是帝江。

《庄子·应帝王》中有一则故事，远古的时候有三位天帝，他们分别是：南海的天帝倏，北海的天帝忽，中央的天帝浑沌。倏和忽两人常到帝江那里去，帝江招待他们非常周到。有一天倏和忽在一块儿商量怎样报答浑沌的恩德。他们说，每个人都有眼耳口鼻——七窍，用来看呀，听呀，吃东西等等，偏那浑沌一窍也没有，我们不如去替他凿出几窍来。于是就带了斧头、凿子之类的工具，去给浑沌凿窍，每天凿一窍，凿了七日，结果浑沌经他们这么一凿，却死掉了。我们可以看出浑沌和帝江有很多相似之处，其实根据多本古籍的说法，帝江就是帝鸿，也就是那个作为中央上帝的黄帝，所以帝江即为浑沌。

huān

讙

西水行百里，至于翼望之山，无草木，多金玉。有兽焉，其状如狸，一目而三尾，名曰讙，其音如夺百声，是可以御凶，服之已瘅。

解说 再往西行一百里水路，便到了翼望山，山上没有花草树木，多产金属矿物和玉石。山中有一种野兽，样子像野猫，只长着一只眼睛却有三条尾巴，名叫讙，发出的声音好像能赛过一百种动物的鸣叫声，饲养它可以辟凶邪之气，人吃了它的肉就能治好黄疸病。

类型
异兽

形态
样子像野猫，长着一只眼睛、三条尾巴

异象
饲养它可以辟凶邪之气，吃了它的肉能治好黄疸病

又西二百九十里，曰泑山，神蓐收居之。其上多婴短之玉，其阳多瑾瑜之玉，其阴多青、雄黄。是山也，西望日之所入，其气员，神红光之所司也。

解说 再往西二百九十里，有一座泑山，神蓐收居住在这里。山上盛产一种可用作颈饰的玉石，山南面多是瑾、瑜一类的美玉，而山北面多是石青、雄黄。站在这座山上，向西可以望见太阳落山的情景，那种气象浑圆，由天神红光所主管。蓐收是西方天帝少昊之子，又是西方刑神、金神。蓐收在《山海经》中出现两次，《西次三经》的蓐收突出了他作为泑山山神，作为日入之神的神格，所以又名神红光、员神。《海外西经》的蓐收，突出了他作为西方刑神、金神的神格，其特点是珥蛇执钺乘龙，云游于天地之间。胡文焕图说："西方蓐收，金神也。左耳有青蛇，乘两个龙，面目有毛，虎爪执钺。"蓐收的神职是专司无道，恭行天讨，是一个镇邪逐魔的天神。因此，蓐收的人面虎爪、珥蛇执钺的形象，常出现在古代纹饰与汉以后的镇墓神兽之中。

类型
刑神

形态
人面虎爪，珥蛇执钺

异象
无

ru shōu
蓐收

yáng shēn rén miàn shén

羊身人面神

类型　山神

形态　羊的身子，人的面孔

异象　无

　　凡西次三经之首，自崇吾之山至于翼望之山，凡二十三山，六千七百四十四里。其神状皆羊身人面。其祠之礼，用一吉玉瘗，糈用稷米。

解说　总计西方第三列山系，从崇吾山起到翼望山止，一共二十三座山，途经六千七百四十四里。诸山山神的样子都是羊的身子人的面孔。祭祀山神的仪式是把祭祀的一块吉玉埋入地下，祭祀的米用稷米。

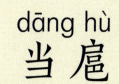

当扈

dāng hù

（上申之山）其鸟多当扈，其状如雉，以其髯飞，食之不眴目。

解说 山里最多的禽鸟是当扈鸟，样子像野鸡，却用咽喉下的髯须当翅膀来奋起高飞，吃了它的肉就能使人不眨眼睛。

郭璞《图赞》上讲："鸟飞以翼，当扈则须。废多任少，沛然有余。轮运于毂，至用在无。"这是和轮子运转于小小轴心的道理差不多，当扈不利用作用更大的翅膀，反而用咽喉的髯须来飞翔，这样的本领，为当扈增添了更多神秘的色彩。

类型
怪鸟

形态
样子像野鸡

异象
吃了它的肉能使人不眨眼睛

又西二百里，曰符惕之山，其上多棕枏，下多金玉，神江疑居之。是山也，多怪雨，风云之所出也。

解说 再往西二百里，有一座符惕山，山上到处是棕树和楠木树，山下有丰富的金属矿物和玉石。一个叫江疑的神居住在这里。这座符惕山，常常落下怪异之雨，风和云也从这里兴起。

类型
神

形态
体型庞大

异象
能呼风唤雨

江疑

jiāng yí

qióng qí
穷奇

类型 凶兽

形态 样子像牛，全身长着刺猬毛

异象 能吃人

又西二百六十里，曰邽（guī）山。其上有兽焉，其状如牛，猬毛，名曰穷奇，音如獆狗，是食人。

解说 再往西二百六十里，有一座邽山。山上有一种野兽，样子像牛，但全身长着刺猬毛，名叫穷奇，发出的声音像狗吼叫的声音，能吃人。

穷奇，中国古代神话中的四凶之一，关于他的形状，说法不一，根据《海内北经》记载，穷奇长的像老虎，有翅膀，喜欢吃人，吃人是从人的头部开始进食，是一种凶恶的异兽。虽然和该篇的说法不同，但二者都是喜欢吃人的凶兽。

《神异经·西北荒经》记述了穷奇的故事，穷奇经常飞到打斗的现场，它会把正直有理的一方吃掉，把忠诚的人的鼻子咬掉。假如有人做下恶事，穷奇会捕杀野兽送给他，并且鼓励他多做恶事。古人把不重心意、远君子近小人的人称为穷奇。

冉遗鱼

又西三百五十里，曰英鞮之山，上多漆木，下多金玉，鸟兽尽白。浣水出焉，而北流注于陵羊之泽。是多冉遗之鱼，鱼身蛇首六足，其目如马耳，食之使人不眯，可以御凶。

类型
祥鱼

形态
鱼身、蛇头、六足，眼睛长的像马耳

异象
饲养它可以辟凶邪之气

解说 再往西三百五十里，有一座英鞮山，山上生长着茂密的漆树，山下蕴藏着丰富的金属矿物和玉石，禽鸟野兽都是白色的。浣水从这座山发源，然后向北流入陵羊泽。水里有很多冉遗鱼，长着鱼的身子，蛇的头，六只脚，眼睛长的像马的耳朵，人如果吃了它的肉睡觉就不做恶梦，饲养它可以辟凶邪之气。

又西三百里，曰中曲之山，其阳多玉，其阴多雄黄、白玉及金。有兽焉，其状如马而白身黑尾，一角，虎牙爪，音如鼓音，其名曰駮，是食虎豹，可以御兵。

解说 再往西三百里，有一座中曲山，山的南面盛产玉石，山的北面盛产雄黄、白玉和金属矿物。山中有一种野兽，样子像马，却长着白身子和黑尾巴，一只角，老虎的牙齿和爪子，它的叫声如同击鼓的响声，名叫駮，能吃老虎和豹子，饲养它可以防御兵灾。

根据《管子》记载，有一次，齐桓公正骑着马，对面突然来了一头虎，虎不但没有扑过来，反而伏在了地上，桓公感到很奇怪，问管仲，管仲回答说，你骑的是駮马，駮食虎豹，所以老虎自然害怕了。

类型
吉兽

形态
样子像马，白身子，黑尾巴，一只角，老虎的牙齿和爪子

异象
饲养它可以防御兵灾

bó
駮

luǒ yú
蠃鱼

异象　它一出现国家就会有水灾

形态　鱼的身子，鸟的翅膀

类型　怪鱼

（邽山）蒙水出焉，南流注于洋水，其中多黄贝；蠃鱼，鱼身而鸟翼，音如鸳鸯，见则其邑大水。

解说　蒙水从这座山发源，向南流入洋水，水中有很多黄贝；还有一种蠃鱼，长着鱼的身子却有鸟的翅膀，发出的声音像鸳鸯鸟鸣叫的声音，它一出现国家就会有水灾。

蠃（luǒ）鱼是一种鱼鸟共体的怪鱼，它一出现便会有水灾。

sāo yú
鳏鱼

又西二百二十里，曰鸟鼠同穴之山，其上多白虎、白玉。渭水出焉，而东流注于河。其中多鳏鱼，其状如鳝鱼，动则其邑有大兵。

类型
怪鱼

形态
样子像鳝鱼

异象
它一出现国家就会
有大的战争发生

解说 再往西二百二十里，有一座鸟鼠同穴山，山上有很多白虎、白玉。渭水从这座山发源，然后向东流入黄河，水中生长着许多鳏鱼，样子像鳝鱼，它一出现国家就会有大的战争发生。

（鸟鼠同穴山）滥水出于其西，西流注于汉水，多鳘鲏之鱼，其状如覆铫，鸟首而鱼翼鱼尾，音如磬石之声，是生珠玉。

解说 滥水从鸟鼠同穴山的西面发源，向西流入汉水，水中有很多鳘鲏鱼，样子像反转过来的铫，但长着鸟的脑袋而鱼一样的鳍和尾巴，叫声就像敲击磬石发出的响声，这种鱼能吐出珠玉。
鳘鲏鱼是一种类似珠母蚌、鱼鸟共体的奇鱼。

类型
奇鱼

形态
样子像反转过来的铫，
长着鸟的脑袋、
鱼的鳍和尾巴

异象
能吐出珠玉

rú pí yú
鳘鲏鱼

shén chì
神魖

类型	形态	异象
山神	人面、兽身，长着一只脚、一只手	无

又西百二十里，曰刚山，多柒木，多㻬琈之玉。刚水出焉，北流注于渭。是多神魖，其状人面兽身，一足一手，其音如钦。

解说 再往西一百二十里，有一座刚山，到处都是茂密的漆树，多产㻬琈玉。刚水从这座山发源，向北流入渭水。这里有很多神，样子是人的面孔，野兽的身子，长着一只脚和一只手，发出的声音像人的叹息声。

神魖是刚山山神，即所谓独脚山魈，属精怪一类。

人面鸮

（崦嵫之山）有鸟焉，其状如鸮而人面，蜼（wèi）身犬尾，其名自号也，见则其邑大旱。

类型
凶鸟

形态
样子像猫头鹰，
人面，蜼身犬尾

异象
它一出现国家就
会有大的旱灾

解说 山中有一种禽鸟，样子像猫头鹰，长着人的面孔，蜼一样的身子却长着狗尾巴，它的名字就是根据叫声来命名的，一出现国家就会有大的旱灾。

人面鸮是一种集人、猴、狗、鸟四形于一身的奇鸟，又是凶鸟。

西南三百六十里，曰崦嵫之山，有兽焉，其状马身而鸟翼，人面蛇尾，是好举人，名曰孰湖。

解说 西南三百六十里，有一座崦嵫山，山中有一种野兽，样子是马的身子而鸟的翅膀，人的面孔、蛇的尾巴，喜欢把人抱着举起，名叫孰湖。

孰湖是集人、马、鸟、蛇四形于一身的奇兽，孰湖生活的崦嵫山，是日入的山，《离骚》有"望崦嵫而勿迫"的诗句，说的就是日落的景象。

类型
奇兽

形态
马身鸟翅，
人面蛇尾

异象
喜欢抱举人

孰湖

huān shū

臞疏

又北三百里，曰带山，其上多玉，其下多青碧。有兽焉，其状如马，一角有错，其名曰臞疏，可以辟火。

解说 再往北三百里，有一座带山，山上盛产玉石，山下盛产青色的碧玉。山中有一种野兽，样子像马，长着一只角，角上有甲错，名称是臞疏，饲养它可以辟火。

中国神话故事中还有一种充满智慧的独角神兽，叫做廌，又称獬廌、解豸，当年尧帝的刑官皋陶曾以獬廌协助办理案件，凡是遇到疑难不决的案件，就让獬廌来裁决，獬廌用角把奸邪的人触倒，然后吃到肚里。它能辨曲直，又有神羊之称，是勇猛、公正的象征，是司法"正大光明""清平公正""光明天下"的象征。所以"法"字古时候写作"灋"，字义是廌所以触不直者去之，从廌去。治法公平如水，故从水。由此也可以看出中国汉字是智慧的结晶。

huá yú
滑鱼

又北二百五十里，曰求如之山，其上多铜，其下多玉，无草木。滑水出焉，而西流注于诸毗之水。其中多滑鱼，其状如鳢，赤背，其音如梧，食之已疣。

解说 再往北二百五十里，有一座求如山，山上蕴藏着丰富的铜，山下有丰富的玉石，但没有花草树木。滑水从这座山发源，然后向西流入诸毗水。水中有很多滑鱼，样子像鳢鱼，长着红色的脊背，发出的声音像人支支吾吾说话的声音，吃了它的肉就能治好人的疣赘病。

类型
奇鱼

形态
样子像鳢鱼，
长着红色的脊背

异象
吃了它的肉能
治好人的疣赘病

又北二百五十里，曰求如之山，其上多铜，其下多玉，无草木。滑水出焉，而西流注于诸毗之水。其中多水马，其状如马，文臂牛尾，其音如呼。

解说 再往北二百五十里，有一座求如山，山上多产铜矿，山下多产玉石，不生花草树木。滑水从这座山发源，然后向西流入诸毗水。水中还有很多水马，样子像普通的马，但前腿上长有花纹，并长着一条牛尾巴，发出的声音像是人呼喊的声音。

类型
怪兽

形态
样子像马，
前腿有花纹，
牛尾

异象
无

shuǐ mǎ
水马

何罗鱼

又北四百里，曰谯明之山，谯水出焉，西流注于河。其中多何罗之鱼，一首而十身，其音如吠犬，食之已痈。

解说 再往北四百里，有一座谯明山，谯明水从这座山发源，向西流入黄河。水中生长着很多何罗鱼，长着一个脑袋却有十个身子，发出的声音像狗叫的声音，人吃了它的肉就可以治愈痈肿病。

何罗鱼是一种怪鱼，胡文焕图说云："亦可以御火。"杨慎补注说："何罗鱼，今八带鱼也。"《异鱼图赞》记载，何罗鱼会化成休旧鸟，有一天，休旧鸟潜入人家偷食粮食，结果被人所伤。休旧鸟晚上飞行时，总是把鸣叫声拖得很长，要是听到舂米的声音，就会迅速逃跑。由于有相似的特征，后来人把休旧鸟同鬼车联系在了一起。鬼车又称九头鸟，相传刚开始有十个脑袋，在潜入人的家中时，被看家的狗咬掉了一个脑袋，伤口一直在滴血。鬼车的血滴到谁的家中，这家人就将有大祸临头了。

这样说来，十首一身的鬼车，是否就是一首十身的何罗鱼化身而来？王崇庆说："何罗之鱼，鬼车之鸟，可以并观。"

北山经

一○二

shū yú
儵鱼

（带山）彭水出焉，而西流注于芘湖之水，中多儵鱼，其状如鸡而赤毛，三尾六足四首，其音如鹊，食之可以已忧。

解说 彭水从带山发源，然后向西流入芘湖水，水中有很多儵鱼，样子像鸡却长着红色的羽毛，还长着三条尾巴、六只脚、四个脑袋，它的叫声与喜鹊的叫声相似，吃了它的肉能治愈忧愁。

类型
奇鱼

形态
样子像鸡，红色的羽毛，
三条尾巴，六只脚，四个脑袋

异象
吃了它的肉
能治愈忧愁

有兽焉，其状如貆而赤毫，其音如榴榴，名曰孟槐，可以御凶。

解说 山中有一种兽，样子像豪猪却长着柔软的红毛，它发出的叫声像"榴榴"的声音，名叫孟槐，人饲养它可以辟凶邪之气。
郭璞注"辟凶邪气也，亦在畏兽画中也。"可知古人有挂《山海经》畏兽图御凶之俗。

类型
瑞兽

形态
样子像豪猪，
长着柔软的红毛

异象
人饲养它可以
辟凶邪之气

mèng huái
孟槐

yù
寓

异象
饲养它可以防御兵灾

形态
样子像老鼠，长着鸟的翅膀

类型
怪鸟

又北三百八十里，曰虢山，其上多漆，其下多桐椐。其阳多玉，其阴多铁。伊水出焉，西流注于河。其兽多橐驼，其鸟多寓，状如鼠而鸟翼，其音如羊，可以御兵。

解说 再往北三百八十里，有一座虢山，山上是茂密的漆树，山下生长着很多的梧桐树和椐树。山的南面盛产玉石，山的北面盛产铁。伊水从这座山发源，向西流入黄河。山中的野兽大多是橐驼，而禽鸟大多是寓鸟，样子像老鼠，却长着鸟一样的翅膀，发出的声音像羊叫的声音，饲养它可以防御兵灾。

郝懿行云："此经寓鸟，盖蝙蝠之类，唯蝙蝠肉翅为异。"由此可以看出，他认为寓鸟或许就是蝙蝠一类的动物，只是寓长的是鸟的翅膀，而蝙蝠是肉翅。

鳛鳛鱼

xí xí yú

又北三百五十里，曰涿光之山，嚣水出焉，而西流注于河。其中多鳛鳛之鱼，其状如鹊而十翼，鳞皆在羽端，其音如鹊，可以御火，食之不瘅。

类型
怪鱼

形态
样子像喜鹊，长着十只翅膀，鳞甲全长在翅膀的尖端

异象
人饲养它可以辟火

解说 再往北三百五十里，有一座涿光山，嚣水从这座山发源，然后向西流入黄河。水中生长着很多鳛鳛鱼，样子像喜鹊却长有十只翅膀，鳞甲全长在羽翅的尖端，它发出的声音像喜鹊的鸣叫声，人饲养它可以辟火，吃了它的肉就能治好黄疸病。

又北二百里，曰丹熏之山，其上多樗柏，其草多韭薤，多丹雘。熏水出焉，而西流注于棠水。有兽焉，其状如鼠，而菟首麋身，其音如獆犬，以其尾飞，名曰耳鼠，食之不睬，又可以御百毒。

解说 再往北二百里，有一座丹熏山，山上生长着茂密的椿树和柏树，草类大多是山韭和野薤菜，盛产丹雘。熏水从这座山发源，然后向西流入棠水。山中有一种野兽，样子像老鼠，却长着兔子的脑袋，麋鹿的身子，它发出的声音像狗嗥叫的声音，用尾巴飞行，名叫耳鼠，人吃了它的肉就不会生膨胀病，还可以抵御百毒。

耳鼠是集鼠、兔、麋三兽于一身，耳鼠可以用尾巴来飞行，这让人觉得匪夷所思。郝懿行说："疑即《尔雅》鼯鼠由也，耳、鼯、夷并声之通转。其形肉翅连尾足，故曰尾飞。"他推测耳鼠应该就是鼯鼠。鼯鼠的飞膜将尾巴和前后肢都连起来了，可以依靠飞膜在丛林间滑行。

类型
奇兽

形态
样子像老鼠，长着兔子的脑袋、鹿的身子

异象
人吃了它的肉不会生膨胀病，可以抵御百毒

ěr shǔ

耳鼠

mèng jí
孟极

类型	形态	异象
异兽	样子像豹，花额头，白身体	无

又北二百八十里，曰石者之山，其上无草木，多瑶碧。泚水出焉，西流注于河。有兽焉，其状如豹，而文题白身，名曰孟极，是善伏，其鸣自呼。

解说 再往北二百八十里，有一座石者山，山上没有花草树木，多产瑶、碧之类的玉石。泚水从这座山发源，向西流入黄河。山中有一种野兽，样子像豹子，花额头，白色的身体，名叫孟极，善于伏身隐藏，它的名字就是根据叫声来命名的。

yōu yàn
幽鴳

又北百一十里，曰边春之山，多葱、葵、韭、桃、李。杠水出焉，而西流注于泑泽。有兽焉，其状如禺而文身，善笑，见人则卧，名曰幽鴳，其鸣自呼。

解说 再往北一百一十里，有一座边春山，山上到处是野葱、葵菜、韭菜、野桃树、李树。杠水从这座山发源，然后向西流入泑泽。山里有一种野兽，样子像猿猴，身上全是花纹，喜欢嘻笑，一看见人就假装睡着，名叫幽鴳，它的名字就是根据叫声来命名的。

类型
怪兽
形态
样子像猿猴，全身是花纹，喜欢嘻笑
异象
一看见人就假装睡着

又北二百里，曰蔓联之山，其上无草木，有兽焉，其状如禺而有鬣，牛尾、文臂、马蹄，见人则呼，名曰足訾，其鸣自呼。

解说 再往北二百里，有一座蔓联山，山上没有花草树木，山里有一种野兽，样子像猿猴却长着鬣毛，牛尾，双臂长满花纹，还有马一样的蹄子，一看见人就呼叫，名叫足訾，它的名字就是根据叫声来命名的。

类型
怪兽
形态
样子像猿猴，长着鬣毛，牛尾，文臂，马蹄
异象
无

zú zī
足訾

zhū jiān
诸犍

类型　猛兽

形态　样子像豹子而长尾，长着人的脑袋和牛耳，一只眼睛

异象　无

　　又北百八十里，曰单张之山，其上无草木。有兽焉，其状如豹而长尾，人首而牛耳，一目，名曰诸犍，善吒，行则衔其尾，居则蟠其尾。

解说　再往北一百八十里，有一座单张山，山上没有花草树木。山中有一种野兽，样子像豹子，长着长尾巴，还长着人一样的脑袋和牛一样的耳朵，一只眼睛，名叫诸犍，喜欢吼叫，行走时就用嘴衔着尾巴，卧睡时就将尾巴盘起来。

sǒng sī

𪁄斯

（灌题之山）有鸟焉，其状如雌雉而人面，见人则跃，名曰𪁄斯，其鸣自呼也。

解说 山中还有一种禽鸟，样子像一般的雌野鸡，却长着人的面孔，一看见人就蹦蹦跳跳，名叫𪁄斯，它的名字就是根据叫声来命名的。

和𪁄斯一样长着人面的一种鸟是鸟鶼，它一出现，就会爆发大战。

类型
奇兽

形态
样子像雌野鸡，长着人的面孔

异象
无

又北三百二十里，日灌题之山，其上多樗柘，其下多流沙，多砥。有兽焉，其状如牛而白尾，其音如訆，名曰那父。

解说 再往北三百二十里，有一座灌题山，山上生长着茂密的臭椿树和柘树，山下到处是流沙，还蕴藏着丰富的磨石。山中有一种野兽，样子像牛，白尾巴，发出的声音如同人在高声呼唤，名叫那父。

类型
奇兽

形态
样子像牛，白色的尾巴

异象
无

nà fù

那父

cháng shé
长蛇

类型	形态	异象
异兽	身上的毛和猪的硬毛相似	无

　　北二百八十里，曰大咸之山，无草木，其下多玉。是山也，四方，不可以上。有蛇名曰长蛇，其毛如彘豪，其音如鼓柝（tuò）。

解说　往北二百八十里，有一座大咸山，没有花草树木，山下盛产玉石。这座大咸山，四四方方，人不能攀登上去。山中有一种蛇叫做长蛇，身上的毛与猪身上的硬毛相似，发出的声音像是人在敲击木梆子的声音。

与其形象相似的蛇妖，据说还有能吞象的巴蛇，及被后羿杀死的修蛇。

jiāo

鵁

又北二百里，日蔓联之山，其上无草木，有鸟焉，群居而朋飞，其毛如雌雉，名日鵁，其鸣自呼，食之已风。

类型
奇鸟

形态
身上的毛与雌野鸡的毛相似

异象
人吃了它的肉能治好风痹病

解说 再往北二百里，有一座蔓联山，山上不生花草树木，山中有一种禽鸟，喜欢群居和结队飞行，身上的毛与雌野鸡的毛相似，名叫鵁，它的名字就是根据叫声来命名的，人吃了它的肉就能治好风痹病。

又北百八十里，日单张之山，其上无草木。有鸟焉，其状如雉，而文首、白翼、黄足，名日白鵺，食之已嗌痛，可以已痸。

解说 再往北一百八十里，有一座单张山，山上不生花草树木。山中有一种禽鸟，样子像野鸡，脑袋上有花纹，白色的翅膀，黄色的脚，名叫白鵺，人如果吃了它的肉就能治好咽喉疼痛，还可以治愈痴呆病。

传说白鵺能判断人的善恶，被它认为是"善"的人会得到白鵺的保护，如若被判断为"恶"，它就会用一种极其残忍的方式将其杀掉。

类型
异鸟

形态
样子像野鸡，脑袋上有花纹，白翅膀，黄脚

异象
人吃了它的肉可以治好咽喉疼痛和痴呆病

bái yè

白 鵺

zǎo yú
鰼鱼

类型

鰼鱼

形态

样子像鲤鱼却
长着鸡的爪子

异象

人吃了它的肉
能治愈赘瘤病

又北二百里，曰狱法之山，滦泽之出焉，而东北流注于泰泽。其中多鰼鱼，其状如鲤而鸡足，食之已疣。

解说 再往北二百里，有一座狱法山，滦泽水从这座山发源，然后向东北流入泰泽。水中生长着很多鰼鱼，样子像鲤鱼却长着鸡爪子，人吃了它的肉就能治愈赘瘤病。

shān huī
山狌

（狱法之山）有兽焉，其状如犬而人面，善投，见人则笑，其名山狌，其行如风，见则天下大风。

解说 山中还有一种野兽，样子像狗却长着人的面孔，擅长投掷，一看见人就嬉笑，名叫山狌，它走起来就像刮风，一出现天下就会起大风。

类型
怪兽

形态
样子像狗却长着人的面孔

异象
它一出现天下就会起大风

又北二百里，曰少咸之山，无草木，多青碧。有兽焉，其状如牛，而赤身、人面、马足，名曰窫窳，其音如婴儿，是食人。

解说 再往北二百里，有一座少咸山，山上没有花草树木，到处是青色碧玉。山中有一种野兽，样子像牛，却长着红色的身子、人的面孔、马的蹄子，名叫窫窳，发出的声音如同婴儿啼哭的声音，这种动物能吃人。

类型
凶兽

形态
样子像牛，
红色的身子、
人的面孔、
马的蹄子

异象
能吃人

yà yǔ
窫 窳

zhū huái

诸怀

又北二百里，曰北岳之山，多枳棘刚木。有兽焉，其状如牛，而四角、人目、彘耳，其名曰诸怀，其音如鸣雁，是食人。

解说 再往北二百里，有一座北岳山，山上到处是枳树、酸枣树和檀、柘一类的树木。山中有一种野兽，样子像牛，却长着四只角、人的眼睛、猪的耳朵，名叫诸怀，发出的声音如同大雁鸣叫的声音，这种动物能吃人。

yì yú
鮨鱼

（北岳之山）诸怀之水出焉，而西流注于嚣水，水中多鮨鱼，鱼身而犬首，其音如婴儿，食之已狂。

类型
怪鱼

形态
长着鱼的身子，狗的脑袋

异象
人吃了它的肉就能治愈癫狂病

解说 诸怀水从这座山发源，然后向西流入嚣水，水中有很多鮨鱼，长着鱼的身子，狗的脑袋，发出的声音像婴儿啼哭，人吃了它的肉就能治愈癫狂病。

又北百七十里，曰堤山，多马。有兽焉，其状如豹而文首，名曰狕。

解说 再往北一百七十里，有一座堤山，山上有许多马。山中有一种野兽，样子像豹子而脑袋上有花纹，名叫狕。

类型
异兽

形态
样子像豹子，脑袋上有花纹

异象
无

yǎo
狕

páo xiāo
狍鸮

又北三百五十里，曰钩吾之山，其上多玉，其下多铜。有兽焉，其状如羊身人面，其目在腋下，虎齿人爪，其音如婴儿，名曰狍鸮，是食人。

解说 再往北三百五十里，有一座钩吾山，山上盛产玉石，山下盛产铜。山中有一种野兽，样子像羊的身子，人的面孔，眼睛长在腋窝下，有着老虎一样的牙齿和人一样的指爪，发出的声音如同婴儿啼哭，名叫狍鸮，这种动物能吃人。

狍鸮即饕餮，集人、虎、羊三形特征于一身，是一种食人的凶兽。郭璞《图赞》："狍鸮贪惏，其目在腋。食人未尽，还自龈割。图形妙鼎，是谓不若。"郭璞说此兽贪婪，食人未尽，遂害自身，像在夏后鼎。金石学家常把商周青铜器上的神怪形的兽面称为饕餮纹，具有驱邪禳灾的象征和功能。

驿马

又北三百五十里，日敦头之山，其上多金玉，无草木。旄水出焉，而东流注于邛泽。其中多驿马，牛尾而白身，一角，其音如呼。

类型
神兽

形态
牛的尾巴，
白色的身子，
一只角

异象
无

解说 再往北三百五十里，有一座敦头山，山上有丰富的金属矿物和玉石，但不生长花草树木。旄水从这座山发源，然后向东流入邛泽。山中有很多驿马，长着牛一样的尾巴和白色身子，一只角，发出的声音如同人呼唤的声音。

（堤山）堤水出焉，而东流注于泰泽，其中多龙龟。

解说 堤水从这座山发源，然后向东流入泰泽，水中有很多龙龟。

类型
神兽

形态
龙头龟身

异象
无

龙龟

居暨
jū jì

类型
野兽

形态
样子像刺猬，
长着红色的毛

异象
无

又北三百五十里，曰梁渠之山，无草木，多金玉。修水出焉，而东流注于雁门，其兽多居暨，其状如彙而赤毛，其音如豚。

解说 再往北三百五十里，有一座梁渠山，山上不生长花草树木，有丰富的金属矿物和玉石。修水从这座山发源，然后向东流入雁门，山中的野兽大多是居暨兽，样子像刺猬，浑身长着红色的毛，发出的声音如同小猪叫的声音。

bān mào

鷿鵲

又北三百里，曰北嚻之山，有鸟焉，其状如鸟，人面，名曰鷿鵲，宵飞而昼伏，食之已喝（yē）。

解说 往北三百里，是北嚻山，山中有一种禽鸟，样子像乌鸦，长着人的面孔，名叫鷿鵲，夜里飞行而白天隐伏，吃了它的肉可以治疗暑热病。

类型
异鸟

形态
样子像乌鸦，人的面孔

异象
吃了它的肉可以治疗暑热病

又北三百里，曰北嚻之山，无石，其阳多碧玉，其阴多玉。有兽焉，其状如虎，而白身犬首，马尾彘鬣，名曰独狢。

解说 往北三百里，有一座北嚻山，山上没有石头，山南面多出产碧玉，山北面多出产玉石。山中有一种野兽，样子像老虎，长着白色身子，狗脑袋，马的尾巴，猪一样的硬毛，名叫独狢。

类型
怪兽

形态
样子像老虎，白身子、狗脑袋、马尾巴、猪一样的硬毛

异象
无

dú yù

独 狢

xiāo

嚣

又北三百五十里，曰梁渠之山，无草木，多金玉。脩水出焉，而东流注于雁门。

有鸟焉，其状如夸父，四翼、一目、犬尾，名曰嚣，其音如鹊，食之已腹痛，可以止衕。

解说 再往北三百五十里，是梁渠山，山上不生长花草树木，多产丰富的金属矿物和玉石。脩水从这里发源，然后向东流入雁门。

山中还有一种禽鸟，样子像夸父，长着四只翅膀、一只眼睛、狗一样的尾巴，名叫嚣，它的叫声与喜鹊的鸣叫声相似，人吃了它的肉就可以治愈肚子痛，还可以治好腹泻病。

fén

鷬

北次三经之首，曰太行之山，其首曰归山，其上有金玉，其下有碧。有鸟焉，其状如鹊，白身、赤尾、六足，其名曰鷬，是善惊，其鸣自詨。

类型
怪鸟
形态
样子像喜鹊，
长着白身子、
红尾巴、六只脚
异象
无

解说 北方第三列山系的第一座山，是太行山，太行山的首部叫归山，山上出产金属矿物和玉石，山下出产碧玉。山中有一种禽鸟，样子像喜鹊，长着白身子、红尾巴、六只脚，名叫鷬，这种鸟生性机敏，它的名字就是根据叫声来命名的。

北次三经之首，曰太行之山。其首曰归山，其上有金玉，其下有碧。有兽焉，其状如麢羊而四角，马尾而有距，其名曰䮝，善还，其名自叫。

解说 北方第三列山系的第一座山，叫做太行山。太行山的首端叫归山，山上出产金属矿物和玉石，山下出产碧玉。山中有一种野兽，样子像麢羊却有四只角，长着马一样的尾巴和鸡一样的爪子，名称叫䮝，善于盘旋起舞，它的名字就是根据叫声来命名的。

类型
怪兽
形态
样子像麢羊，
四只角，
长着马尾和鸡爪
异象
无

hún

䮝

tiān mǎ
天马

类型
神兽

形态
样子像白狗，长着黑脑袋

异象
一看见人就腾空飞起

又东北二百里，曰马成之山，其上多文石，其阴多金玉。有兽焉，其状如白犬而黑头，见人则飞，其名曰天马，其鸣自叫。

解说 再往东北二百里，有一座马成山，山上多出产有纹理的美石，山北面有丰富的金属矿物和玉石。山里有一种野兽，样子像白狗却长着黑脑袋，一看见人就腾空飞起，名叫天马，它的名字就是根据叫声来命名的。

qū jū
鶌鶋

（马成之山）有鸟焉，其状如乌，首白而身青、足黄，是名曰鶌鶋，其名自詨，食之不饥，可以已寓。

类型
奇鸟

形态
样子像乌鸦，
长着白脑袋、
青身子、黄爪子

异象
吃了它的肉使人
不感觉饥饿，
还可以医治
老年健忘症

解说 山里还有一种禽鸟，样子像乌鸦，却长着白色的脑袋和青色的身子，黄色的爪子，名叫鶌鶋，它的名字就是根据叫声来命名的，吃了它的肉使人不感觉饥饿，还可以医治老年健忘症。

又东三百里，曰阳山，其上多玉，其下多金铜。有兽焉，其状如牛而赤尾，其颈䰄，其状如句瞿，其名曰领胡，其鸣自詨，食之已狂。

解说 再往东三百里，有一座阳山，山上有丰富的玉石，山下有丰富的金铜。山中有一种野兽，样子像牛而长着红尾巴，脖子上有肉瘤，形状像斗，名叫领胡，它的名字就是根据叫声来命名的，人吃了它的肉就能治愈癫狂症。

在中国浙江、云南、海南等地还能见到一种同领胡样子有几分相似的动物，这种动物叫作高峰牛。听其名就知道高峰牛身上有"高峰"的特征，"高峰"就长在高峰牛的颈部，是一块瘤状的突起。

类型
奇兽

形态
样子像牛，
红色的尾巴，
脖子上肉瘤的形状像斗

异象
人吃了它的肉
能治愈癫狂症

lǐng hú
领 胡

suān yǔ 酸与

类型：凶鸟

形态：样子像蛇，长着四只翅膀、六只眼睛、三只脚

异象：它出现的国家会发生令人惊恐的事情

又南三百里，曰景山，南望盐贩之泽，北望少泽。其上多草、藷藇，其草多秦椒，其阴多赭，其阳多玉。有鸟焉，其状如蛇，而四翼、六目、三足，名曰酸与，其鸣自詨，见则其邑有恐。

解说 再往南三百里，有一座景山，向南可以望见盐贩泽，向北可以望见少泽。山上生长着茂密的丛草、藷藇，这里的草类大多是秦椒，山的北面多出产赭石，山的南面多出产玉石。山里有一种禽鸟，样子像一般的蛇，却长有四只翅膀、六只眼睛、三只脚，名叫酸与，它的名字就是根据叫声来命名的，它出现的国家会发生令人惊恐的事情。

xiàn fù yú
鮯父鱼

（阳山）留水出焉，而南流注于河。其中有鮯父之鱼，其状如鲋鱼，鱼首而彘身，食之已呕。

类型
怪鱼

形态
样子像鲋鱼，长着鱼的头、猪的身子

异象
人吃了它的肉可以治疗呕吐

解说 留水从这座山发源，然后向南流入黄河。水中生长着鮯父鱼，样子像一般的鲋鱼，长着鱼的头而猪的身子，人吃了它的肉可以治疗呕吐。

（阳山）有鸟焉，其状如雌雉，而五采以文，是自为牝牡，名曰象蛇，其名自詨。

解说 山中有一种禽鸟，样子像雌性的野鸡，而羽毛上有五彩斑斓的花纹，这种鸟雌雄同体，名叫象蛇，它的名字就是根据叫声来命名的。

类型
奇鸟

形态
样子像雌性的野鸡，羽毛上有五彩斑斓的花纹

异象
雌雄同体

xiàng shé
象蛇

精卫

类型　神鸟

形态　样子像乌鸦、长着花脑袋、白嘴巴、红爪子

异象　无

又北二百里，曰发鸠之山，其上多柘木。有鸟焉，其状如乌，文首、白喙、赤足，名曰精卫，其鸣自詨。是炎帝之少女，名曰女娃。女娃游于东海，溺而不返，故为精卫。常衔西山之木石，以堙于东海。漳水出焉，东流注于河。

解说 再往北二百里，有一座发鸠山，山上生长着茂密的柘树。山中有一种禽鸟，样子像乌鸦，长着花脑袋、白嘴巴、红爪子，名叫精卫，它的名字就是根据叫声来命名的。精卫鸟原是炎帝的小女儿，名叫女娃。女娃到东海游玩，淹死在东海里没有返回，就变成了精卫鸟。它常常衔着西山的树枝和石子，用来填塞东海。漳水从这座山发源，向东流入黄河。

精卫填海这悲壮的故事曾给历代的诗人以无穷的激励，比如晋陶潜《读山海经》诗说："精卫衔微石，将以填沧海。刑天舞干戚，猛志固常在。同物既无虑，化去不复悔。徒设在昔心，良辰讵可待。"

gū xí

鸹鷼

又东百八十里，曰小侯之山，明漳之水出焉，南流注于黄泽。有鸟焉，其状如乌而白文，名曰鸹鷼，食之不濸。

类型
奇鸟

形态
样子像乌鸦却有白色的斑纹

异象
吃了它的肉能使人的眼睛明亮而不昏花

解说 再往东一百八十里，有一座小侯山，明漳水从这座山发源，向南流入黄泽。山中有一种禽鸟，样子像一般的乌鸦却有白色斑纹，名叫鸹鷼，吃了它的肉就能使人的眼睛明亮而不昏花。

又东北二百里，曰轩辕之山，其上多铜，其下多竹。有鸟焉，其状如枭而白首，其名曰黄鸟，其鸣自詨，食之不妒。

解说 再往东北二百里，有一座轩辕山，山上多产铜，山下到处是竹子。山中有一种禽鸟，样子像猫头鹰却长着白脑袋，名叫黄鸟，它的名字就是根据叫声来命名的，吃了它的肉就能使人不生妒嫉心。

黄鸟多次出现于《山海经》，其形状和品格各不相同，归纳起来可以分为三类：

第一类是本经中轩辕山可以疗妒的黄鸟。

第二类是《大荒南经》巫山的黄鸟是为天帝镇守神药的神鸟。巫山的黄鸟即是皇鸟，为凤凰类的鸟。

第三类是《海外西经》和《大荒西经》的黄鸟，是亡国的征兆，属于祸鸟。

类型
奇鸟

形态
样子像猫头鹰却长着白色的脑袋

异象
吃了它的肉能使人不生妒嫉心

huáng niǎo

黄 鸟

dòng dòng
辣辣

又北三百里，曰泰戏之山，无草木，多金玉。有兽焉，其状如羊，一角一目，目在耳后，其名曰辣辣，其鸣自訆。

解说 再往北三百里，有一座泰戏山，山上不生长花草树木，多产金属矿物和玉石。山中有一种野兽，样子像羊，却长着一只角和一只眼睛，眼睛长在耳朵的后面，名称是辣辣，它的名字就是根据叫声来命名的。

《山海经》有异兽：辣辣一目，从从六足；一角之兽有狰、駮、朦疏、辣辣。杨慎《奇字韵》记：辣辣，今产于代州雁门谷口，俗呼为構子，见则岁丰。经文中说辣辣是吉兽，但也有凶兆之说。胡文焕图说："此兽现时，主国内祸起，宫中大不祥也。"

pí jiǔ

罴九

又北五百里，曰伦山，伦水出焉，而东流注于河。有兽焉，其状如麋，其川在尾上，其名曰罴九。

解说 再往北五百里，有一座伦山，伦水从这座山发源，然后向东流入黄河。山中有一种野兽，样子像麋鹿，肛门却长在尾巴上面，名叫罴九。

类型
怪兽

形态
样子像麋鹿，
肛门长在尾巴上面

异象
无

又北四百里，曰乾山，无草木，其阳有金玉，其阴有铁而无水。有兽焉，其状如牛而三足，其名曰獂，其鸣自詨。

解说 再往北四百里，有一座乾山，山上不生花草树木，山的南面蕴藏着金属矿物和玉石，山的北面蕴藏着铁，但没有水流。山中有一种野兽，样子像牛却长着三只脚，名叫獂，它的名字就是根据叫声来命名的。

类型
怪兽

形态
样子像牛，
长着三只脚

异象
无

huán
獂

yōng yōng yú

鳙鳙鱼

异象 无

形态 样子像犁牛

类型 怪鱼

东山之首，曰樕螽之山，北临乾昧，食水出焉，而东北流注于海。其中多鳙鳙之鱼，其状如犁牛，其音如彘鸣。

解说 东方第一列山系的第一座山，是樕螽山，北面与乾昧山相邻，食水从这座山发源，然后向东北流入大海。水中有很多鳙鳙鱼，样子像犁牛，发出的声音像猪叫的声音。

传说牛鱼的皮可测知潮水涨落，据《博物志》记，东海有牛鱼，其形如牛，剥其皮悬之，潮水至则毛起，潮去则伏。

tiáo yōng
鯈蟠

又南三百里，曰独山，其上多金玉，其下多美石。末涂之水出焉，而东南流注于沔，其中多鯈蟠，其状如黄蛇，鱼翼，出入有光，见则其邑大旱。

类型
凶蛇

形态
样子像黄蛇，长着鱼鳍

异象
它出现的国家会有大旱灾

解说

再往南三百里，有一座独山，山上有丰富的金属矿物和玉石，山下多产秀美的石头。末涂水从这座山发源，然后向东南流入沔水，水中有很多鯈蟠，样子与黄蛇相似，长着鱼一样的鳍(qí)，出入水中时闪闪发光，它出现的国家会有大旱灾。

又南三百里，曰枸状之山，其上多金玉，其下多青碧石。有兽焉，其状如犬，六足，其名曰从从，其鸣自詨。

解说 再往南三百里，有一座枸状山，山上有丰富的金属矿物和玉石，山下有丰富的青石碧玉。山中有一种野兽，样子像狗，长着六只脚，名叫从从，它的名字就是根据叫声来命名的。

类型
异兽

形态
样子像狗，长着六只脚

异象
无

cóng cóng
从 从

异象　人吃了它的肉不会染上瘟疫病

形态　样子像动物的肺而有眼睛，六只脚

类型　奇鱼

又南三百八十里，曰葛山之首，无草木。澧水出焉，东流注于余泽，其中多珠鳖鱼，其状如肺而有目，六足，有珠，其味酸甘，食之无疬。

解说 再往南三百八十里，是葛山的起始，这里没有花草树木。澧水从这里发源，向东流入余泽，水中有很多珠鳖鱼，样子像动物的肺却有眼睛，还有六只脚，能吐出珍珠，这种珠鳖鱼的肉味是酸中带甜，人吃了它的肉就不会染上瘟疫病。

关于珠鳖鱼的眼睛，历代注家有不同的说法。有趣的是，不同版本的珠鳖鱼图也有不同的形态，有二目、四目、六目三种。经中所记，"其状如肺而有目"，人和动物通常都是二目，这里的"有目"当指二目。

tóng tóng
狪 狪

又南三百里，曰泰山，其上多玉，其下多金。有兽焉，其状如豚而有珠，名曰狪狪，其鸣自訆。

解说 再往南三百里，有一座泰山，山上多产玉石，山下盛产金。山中有一种野兽，样子与一般的猪相似而体内却有珠子，名称是狪狪，它的名字就是根据叫声来命名的。一般只知道蚌类可孕珠，狪狪是兽，兽可孕珠是狪狪的奇特之处。

类型
灵兽

形态
样子像猪而体内有珠子

异象
无

东次二经之首，曰空桑之山，北临食水，东望沮吴，南望沙陵，西望湣泽。有兽焉，其状如牛而虎文，其音如吟，其名曰軨軨，其鸣自訆，见则天下大水。

解说 东方第二列山系的第一座山，叫做空桑山，北面临近食水，在山上向东可以望见沮吴，向南可以望见沙陵，向西可以望见湣泽。山中有一种野兽，样子像牛却有老虎一样的斑纹，发出的声音如同人呻吟的声音，名叫軨軨，它的名字就是根据叫声来命名的。它一出现天下就会发生水灾。

类型
凶兽

形态
样子像牛，长着老虎的斑纹

异象
它一出现天下就会发生水灾

líng líng
軨 軨

qiú yú

犰狳

类型
凶兽

形态
样子像兔子，
长着鸟嘴、
鸱目、蛇尾

异象
它一出就会有
蠡斯、蝗
虫危
害庄稼

又南三百八十里，曰余峨之山。其上多梓枏，其下多荆杞。杂余之水出焉，东流注于黄水。有兽焉，其状如菟而鸟喙，鸱目蛇尾，见人则眠，名犰狳，其鸣自訆，见则蠡蝗为败。

解说 再往南三百八十里，有一座余峨山。山上有茂密的梓树和楠木树，山下有茂密的牡荆树和枸杞树。杂余水从这座山发源，向东流入黄水。山中有一种野兽，样子像兔子却长着鸟的嘴、鸱鹰的眼睛和蛇的尾巴，一看见人就躺下装睡，名叫犰狳，它的名字就是根据叫声来命名的，它一出现就会有蠡斯、蝗虫危害庄稼。

lí hú
鴱鶘

又南三百里，曰卢其之山，无草木，多沙石。沙水出焉，南流注于涔水，其中多鴱鶘，其状如鸳鸯而人足，其鸣自訆，见则其国多土功。

类型
怪鸟

形态
样子像鸳鸯，长着人脚

异象
它出现的国家将大兴土木营造之事

解说 再往南三百里，有一座卢其山，山上不生花草树木，到处是沙石。沙水从这座山发源，向南流入涔水，水中有很多鴱鶘鸟，样子像鸳鸯却长着人一样的脚，它的名字就是根据叫声来命名的，它出现的国家将大兴土木营造之事。

又南三百里，曰耿山，无草木，多水碧，多大蛇。有兽焉，其状如狐而鱼翼，其名曰朱獳，其鸣自訆，见则其国有恐。

解说 再往南三百里，有一座耿山，山上不生花草树木，多产碧玉，还有很多大蛇。山中有一种野兽，样子像狐狸却长着鱼鳍，名叫朱獳，它的名字就是根据叫声来命名的，一出现国家就会有恐怖的事发生。

类型
凶兽

形态
样子像狐狸，长着鱼鳍

异象
它出现的国家会有恐怖的事发生

zhū rú
朱獳

lóng zhì
蠪蛭

又南五百里，曰凫丽之山，其上多金玉，其下多箴石。有兽焉，其状如狐，而九尾、九首、虎爪，名曰蠪蛭，其音如婴儿，是食人。

解说 再往南五百里，有一座凫丽山，山上有丰富的金属矿物和玉石，山下盛产箴石。山中有一种野兽，样子像狐狸，有九条尾巴、九个脑袋、老虎一样的爪子，名叫蠪蛭，发出的声音如同婴儿啼哭的声音，能吃人。

bì bì
獙 獙

又南三百里，曰姑逢之山，无草木，多金玉。有兽焉，其状如狐而有翼，其音如鸿雁，其名曰獙獙，见则天下大旱。

类型
凶兽

形态
样子像狐狸
却有翅膀

异象
它一出现
天下就会
发生大旱灾

解说

再往南三百里，有一座姑逢山，山上不生花草树木，有丰富的金属矿物和玉石。山中有一种野兽，样子像狐狸却有翅膀，发出的声音如同大雁的鸣叫声，名叫獙獙，它一出现天下就会发生大旱灾。

獙獙属于狐族，身上虽然生有肉翼，但非常轻薄，并不能飞翔。郭璞《图赞》："獙獙如狐，有翼不飞。"

又南五百里，曰硬山，南临硬水，东望湖泽。有兽焉，其状如马，而羊目、四角、牛尾，其音如嗥狗，其名曰㞞㞞，见则其国多狡客。

解说 再往南五百里，有一座硬山，南面临近硬水，从山上向东可以望见湖泽。山中有一种野兽，样子像马，却长着羊一样的眼睛、四只角、牛一样的尾巴，发出的声音如同狗叫的声音，名叫㞞㞞，它所出现的国家就会有很多奸猾的政客。

类型
怪兽

形态
样子像马，
长着羊眼、
四只角、
牛尾巴

异象
它所出现
的国家就
会有很多
奸猾的政客

yōu yōu
㞞 㞞

yuàn hú

峻胡

类型
怪兽

形态
样子像麋鹿却长着鱼的眼睛

异象
无

　　又东次三经之首，曰尸胡之山，北望䍃（xiáng）山，其上多金玉，其下多棘。有兽焉，其状如麋而鱼目，名曰峻胡，其鸣自訆。

解说　东方第三列山系的第一座山，叫做尸胡山，从山上向北可以望见䍃山，山上有丰富的金属矿物和玉石，山下有茂密的酸枣树。山中有一种野兽，样子像麋鹿却长着鱼一样的眼睛，名叫峻胡，它的名字就是根据叫声来命名的。

　　清代的学者郝懿行说过一个他亲身经历的一个趣事：嘉庆五年，册使封琉球，归州泊马齿山，下人进二鹿，毛浅而小眼似鱼眼，使者著记谓是海鱼所化，余以经证之，知是峻胡也。

絜钩

（碅山）有鸟焉，其状如凫而鼠尾，善登木，其名曰絜钩，见则其国多疫。

解说 山中有一种禽鸟，样子像野鸭却长着老鼠一样的尾巴，擅长攀登树木，名叫絜钩，它一出现国家就会多次发生瘟疫。

类型
凶鸟

形态
样子像野鸭却长着老鼠一样的尾巴

异象
它一出现国家就会多次发生瘟疫

凡东次二经之首，自空桑之山至于碅山，凡十七山，六千六百四十里。其神状皆兽身人面载觡（gé）。其祠：毛用一鸡祈，婴用一璧瘗。

解说 所有东方第二列山系，从空桑山直到碅山，总共十七座山，途经六千六百四十里。诸山山神的样子都是野兽的身子，人的面孔，而且头上戴着觡角。祭祀山神的仪式是：毛物用一只鸡献祭，祭神的玉器用一块玉璧，献祭后埋入地下。

类型
山神

形态
兽神人面

异象
无

兽身人面神

gé gé yú
鮯鮯鱼

类型 | 怪鱼

形态 | 样子像鲤鱼，六只脚，鸟尾

异象 | 无

又南水行五百里，曰流沙，行五百里，有山焉，曰跂踵（qǐ zhǒng）之山，广员二百里，无草木，有大蛇，其上多玉。有水焉，广员四十里皆涌，其名曰深泽，其中多蠵（xī）龟。有鱼焉，其状如鲤，而六足鸟尾，名曰鮯鮯之鱼，其名自訆。

解说 再往南行五百里水路，经过流沙五百里，有一座山，叫跂踵山，方圆二百里，不生花草树木，有大蛇，山上有丰富的玉石。这里有一个水潭，方圆四十里都在沸腾喷涌，名叫深泽，水中有很多蠵龟。水中还生长着一种鱼，样子像鲤鱼，却有六只脚和鸟一样的尾巴，名叫鮯鮯鱼，它的名字就是根据叫声来命名的。

gé dàn

猲狙

又东次四经之首，曰北号之山，有兽焉，其状如狼，赤首鼠目，其音如豚，名曰猲狙，是食人。

类型
凶兽

形态
样子像狼，红头鼠目

异象
能吃人

解说 东方第四列山系的第一座山，是北号山，山中有一种野兽，样子像狼，长着红脑袋和老鼠一样的眼睛，发出的声音如同小猪的叫声，名叫猲狙，能吃人。

又南水行九百里，曰蛮隅（mǔ yú）之山，其上多草木，多金玉，多赭。有兽焉，其状如牛而马尾，名曰精精，其鸣自訆。

解说 再往南沿水行九百里，是蛮隅山，山上有茂密的花草树木，有丰富的金属矿物和玉石，还有许多赭石。山中有一种野兽，样子像一般的牛却长着马一样的尾巴，名叫精精，它的名字就是根据叫声来命名的。

类型
奇兽

形态
样子像牛却长着马尾

异象
无

jīng jīng

精精

类型
奇鱼

形态
样子像鲫鱼，
长着一个脑袋，
十个身子

异象
吃了它就
不会放屁

又南三百二十里，曰东始之山，上多苍玉。有木焉，其状如杨而赤理，其汁如血，不实，其名曰芑，可以服马。泚（zǐ）水出焉，而东北流注于海，其中多美贝，多茈鱼，其状如鲋，一首而十身，其臭（xiù）如蘪芜（méi wú），食之不糌（bì）。

解说 再往南三百二十里，有一座东始山，山上多出产苍玉。山中有一种树木，样子像杨树却有红色的纹理，树干中的液汁与血相似，这种树不结果实，名叫芑，把它的液汁涂在马身上就可使马驯服。泚水从这座山发源，然后向东北流入大海，水中有许多美丽的贝，还有很多茈鱼，样子像鲫鱼，长着一个脑袋，十个身子，它的气味与蘪芜草相似，吃了它就不会放屁。
《北山经》谯明山的何罗鱼也是一首十身，吃了它可以治疗痈肿病。

又东南三百里，曰女烝之山，其上无草木，石膏水出焉，而西注于鬲水，其中多薄鱼，其状如鳣鱼而一目，其音如欧，见则天下大旱。

类型
凶鱼

形态
样子像鳣鱼，
一只眼

异象
它一出现天下
就会发生大旱灾

解说 再往东南三百里，是女烝山，山上不生花草树木，石膏水从这座山发源，然后向西流入鬲水，水中有很多薄鱼，样子像鳣鱼却长着一只眼睛，发出的声音如同人呕吐的声音，它一出现天下就会发生大旱灾。

又南三百里，曰㕛（máo）山，无草木。苍体之水出焉，而西流注于展水，其中多鯑鱼，其状如鲤而大首，食者不疣。

解说 再往南三百里，有一座㕛山，山上不生花草树木。苍体水从这座山发源，然后向西流入展水，水中生长着许多鯑鱼，样子像鲤鱼，大头，吃了它的肉皮肤上就不会生瘊子。

鯑即鳅，俗称泥鳅。另一说鯑鱼是鳙鱼，又称大头鱼、胖头鱼、花鲢等，是四大家鱼之一。还有说鯑鱼就是海鲇。

类型
奇鱼

形态
样子像鲤鱼，大头

异象
吃了它的肉皮肤
上就不会生瘊子

dāng kāng
当 康

又东南二百里，曰钦山，多金玉而无石。师水出焉，而北流注于皋泽，其中多鳡鱼，多文贝。有兽焉，其状如豚而有牙，其名曰当康，其鸣自訆，见则天下大穰。

解说 再往东南二百里，有一座钦山，山中有丰富的金属矿物和玉却没有石头。师水从这座山发源，然后向北流入皋泽，水中有很多鳡鱼，还有很多带花纹的贝。山中有一种野兽，样子像小猪却长着大獠牙，名叫当康，它的名字就是根据叫声来命名的，一出现天下就要大丰收。

qí què

㚟雀

（北号之山）有鸟焉，其状如鸡而白首，鼠足而虎爪，其名曰㚟雀，亦食人。

类型
怪鸟

形态
样子像鸡而白头，鼠足而虎爪

异象
能吃人

解说 山中还有一种鸟，样子像普通的鸡却长着白脑袋，老鼠一样的脚和老虎一样的爪子，名叫㚟雀，也能吃人。

又东二百里，曰太山，上多金玉桢木。有兽焉，其状如牛而白首，一目而蛇尾，其名曰蜚，行水则竭，行草则死，见则天下大疫。

解说 再往东二百里，有一座太山，山上有丰富的金属矿物和玉石、女桢树。山中有一种野兽，样子像一般的牛却是白脑袋，长着一只眼睛和蛇一样的尾巴，名叫蜚，它行经有水的地方水就干涸，行经有草的地方草就枯死，它一出现天下就会有大瘟疫。

类型
凶兽

形态
样子像牛，长着白脑袋、一只眼睛、蛇尾

异象
它一出现天下就会有大瘟疫

fěi

蜚

nuó
豽

类型
奇兽

形态
样子像猷鼠，额头上有花纹

异象
吃了它的肉能治愈人脖子上的赘瘤

中山经薄山之首，曰甘枣之山，共水出焉，而西流注于河。其上多枏木，其下有草焉，葵本而杏叶，黄华而荚实，名曰箨（tuò），可以已瞢。有兽焉，其状如猷鼠而文题，其名曰豽，食之已瘿。

解说 中间第一列山系薄山山系的第一座山，是甘枣山，共水从这座山发源，然后向西流入黄河。山上有很多枏树，山下有一种草，葵菜一样的茎干和杏树一样的叶子，开黄色的花朵而结带荚的果实，名叫箨，人吃了它可以治愈眼睛昏花。山中有一种野兽，样子像猷鼠而额头上有花纹，名叫豽，吃了它的肉能治愈人脖子上的赘瘤。

fēi yú
飞鱼

又北三十里，曰牛首之山，有草焉，名曰鬼草，其叶如葵而赤茎，其秀如禾，服之不忧。劳水出焉，而西流注于滽（jué）水，是多飞鱼，其状如鲋鱼，食之已痔衕（zhì tòng）。

类型
奇鱼

形态
样子像鲫鱼

异象
人吃了它的肉
就能治愈痔漏

解说

再往北三十里，有一座牛首山，山中生长着一种草，名叫鬼草，它的叶子像葵菜叶却是红色的茎干，开的花像禾苗吐穗时的花絮，吃它就能使人无忧无虑。劳水从这座山发源，然后向西流入滽水，水中有很多飞鱼，样子像鲫鱼，人吃了它的肉就能治愈痔漏。

又东十五里，曰渠猪之山，其上多竹，渠猪之水出焉，而南流注于河。其中是多豪鱼，状如鲔（wěi），赤喙赤尾赤羽，可以已白癣。

解说 再往东十五里，有一座渠猪山，山上有很多竹子，渠猪水从这座山发源，然后向南流入黄河。水中有很多豪鱼，样子像鲔鱼，长着红嘴巴、红尾巴、红羽毛，人吃了它的肉能治愈白癣病。

类型
怪鱼

形态
样子像鲔鱼，
长着红嘴巴、
红尾巴、红羽毛

异象
人吃了它的肉
能治愈白癣病

háo yú
豪鱼

huà shé
化蛇

类型

凶蛇

形态

样子像人的面孔却长着豺的身子，鸟翅蛇行

异象

它一出现国家就会发生大水

又西三百里，曰阳山，多石，无草木。阳水出焉，而北流注于伊水。其中多化蛇，其状如人面而豺身，鸟翼而蛇行，其音如叱呼，见其邑大水。

解说 再往西三百里，有一座阳山，到处是石头，山上不生花草树木。阳水从这座山发源，然后向北流入伊水。水中有很多化蛇，样子像人的面孔却长着豺一样的身子，有禽鸟的翅膀却像蛇一样爬行，发出的声音如同人在呵斥的声音，它一出现国家就会发生大水。

胐胐

又北四十里，曰霍山，其木多榖。有兽焉，其状如狸而白尾，有鬣，名曰胐胐，养之可以已忧。

解说 再往北四十里，有一座霍山，这里的树木大多是构树。山中有一种野兽，样子像野猫却长着白尾巴，脖子上有长毛，名叫胐胐，人饲养它就可以消除忧愁。

类型
灵兽

形态
样子像猫却长着白尾巴，脖子上有长毛

异象
人饲养它可以消除忧愁

又西三百里，曰鲜山，多金玉，无草木。鲜水出焉，而北流注于伊水。其中多鸣蛇，其状如蛇而四翼，其音如磬，见则其邑大旱。

解说 再往西三百里，有一座鲜山，山上有丰富的金属矿物和玉石，但不生长花草树木。鲜水从这座山发源，然后向北流入伊水。水中有很多鸣蛇，样子像蛇却长着四只翅膀，叫声如同敲磬的声音，它一出现国家就会有大的旱灾。

类型
凶蛇

形态
样子像蛇却长着四只翅膀

异象
它一出现国家就会有大的旱灾

鸣蛇

fū zhū

夫诸

中次三经薏（bèi）山之首，曰敖岸之山，其阳多㻬琈之玉，其阴多赭、黄金，神熏池居之。是常出美玉，北望河林，其状如茜（qiàn）如举。有兽焉，其状如白鹿而四角，名曰夫诸，见则其邑大水。

解说 中央第三列薏山山系的第一座山，是敖岸山，山南面多出产㻬琈玉，山北面多出产赭石、黄金，神熏池住在这里。这座山还经常出产美玉，从山上向北可以望见奔腾的黄河和葱郁的丛林，它们的样子好像是茜草和榉柳。山中有一种野兽，样子像白鹿却长着四只角，名叫夫诸，它一出现国家就会有大水。

蠪蚳

又西二百里，曰昆吾之山，其上多赤铜。有兽焉，其状如彘而有角，其音如号，名曰蠪蚳，食之不眯。

类型
奇兽

形态
样子像猪
却长着角

异象
人吃了它的肉
就不做恶梦

解说 再往西二百里，有一座昆吾山，山上有丰富的赤铜。山中有一种野兽，样子像猪却长着角，发出的声音如同人号啕大哭的声音，名叫蠪蚳，人吃了它的肉就不做恶梦。

又西二百里，曰蔓渠之山，其上多金玉，其下多竹箭。伊水出焉，而东流注于洛。有兽焉，其名曰马腹，其状如人面虎身，其音如婴儿，是食人。

解说 再往西二百里，有一座蔓渠山，山上多产金属矿物和玉石，山下到处是小竹丛。伊水从这座山发源，然后向东流入洛水。山中有一种野兽，名叫马腹，样子像人一样的面孔，虎一样的身子，发出的声音如同婴儿啼哭的声音，能吃人。

类型
凶兽

形态
样子像人一
样的面孔，
虎一样的身子

异象
能吃人

mǎ fù

马腹

wǔ luó
武罗

　　又东十里，曰青要之山，实惟帝之密都。北望河曲，是多驾鸟。南望墠渚，禹父之所化，是多仆累、蒲卢。魋（shén）武罗司之，其状人面而豹文，小要而白齿，而穿耳以鐻（jù），其鸣如鸣玉。是山也，宜女子，畛（zhěn）水出焉，而北流注于河。

解说　再往东十里，有一座青要山，这里是天帝隐秘的住所。从山顶向北可以望见黄河的拐弯处，这里有许多驾鸟。从山顶向南可以望见墠渚，那里是大禹的父亲鲧变化成为黄熊的地方，这里有很多蜗牛、蒲卢。山神武罗掌管着这里，这位山神的样子是人的面孔，浑身长着豹子一样的斑纹，细小的腰身，洁白的牙齿，耳朵上挂着金环，发出的声音像玉石碰击作响的声音。这座青要山，适宜女子居住，畛水从这座山发源，然后向北流入黄河。

yāo
鴢

（青要之山）其中有鸟焉，名曰鴢，其状如凫，青身而朱目赤尾，食之宜子。有草焉，其状如葌，而方茎黄华赤实，其本如藳木，名曰荀草，服之美人色。

奇鸟

形态
样子像野鸭，
青身朱目赤尾

异象
吃了它的肉有
助于生孩子

解说

山中有一种禽鸟，名叫鴢，样子像野鸭子，青色的身子，浅红色的眼睛，深红色的尾巴，吃了它的肉有助于生孩子。山中生长着一种草，样子像兰草，四方形的茎干、黄色的花朵、红色的果实，根和藳木的根相似，名叫荀草，吃了它就能使人的肤色洁白漂亮。

又东二十里，曰和山，其上无草木而多瑶碧，实惟河之九都。是山也，五曲，九水出焉，合而北流注于河，其中多苍玉。吉神泰逢司之，其状如人而虎尾，是好居于萯山之阳，出入有光。泰逢神动天地气也。

解说 再往东二十里，有一座和山，山上不生花草树木，多产瑶、碧一类的美玉，这里是黄河九条水源所汇聚的地方。这座山有五个大的弯曲处，有九条河流从这里发源，然后汇合起来向北流入黄河，水中有很多苍玉。吉神泰逢主管这座山，他的样子像人却长着虎一样的尾巴，喜欢住在萯山的南面，出入时身上闪闪发光。泰逢这位吉神能兴云布雨，变换天地之气。

类型
吉神

形态
样子像人却长
着虎一样的尾巴

异象
能兴云布雨，
变换天地之气

tài féng
泰 逢

xī qú
犀渠

能吃人 | 异象

样子像牛，全身青色 | 形态

凶兽 | 类型

又西一百二十里，曰厘山，其阳多玉，其阴多蒐（sōu）。有兽焉，其状如牛，苍身，其音如婴儿，是食人，其名曰犀渠。

解说 再往西一百二十里，有一座厘山，山南面多产玉石，山北面有茂密的茜草。山上有一种野兽，样子像牛，全身青色，发出的叫声如同婴儿啼哭的声音，能吃人，名叫犀渠。

yín

麔

西五十里，曰扶猪之山，其上多礝（ruǎn）石。有兽焉，其状如貉（hé）而人目，其名曰麔。虢水出焉，而北流注于洛，其中多礝石。

类型
怪兽

形态
样子像貉却
长着人的眼睛

异象
无

解说 往西五十里，有一座扶猪山，山上多产礝石。山中有一种野兽，样子像貉却长着人的眼睛，名叫麔。虢水从这座山发源，然后向北流入洛水，水中有许多礝石。

（厘山）滽滽之水出焉，而南流注于伊水。有兽焉，名曰犺，其状如獳犬而有鳞，其毛如彘鬣。

解说 滽滽水从这座山发源，然后向南流入伊水。这里还有一种野兽，名叫犺，样子像发怒时的狗却长着鳞，身上的毛像猪颈部的长毛。

类型
奇兽

形态
样子像发怒时
的狗却长着鳞，
身上的毛像猪
颈部的长毛

异象
无

jié

犺

jiāo chóng
骄虫

　　中次六经缟羝山之首，曰平逢之山，南望伊洛，东望谷城之山，无草木，无水，多沙石。有神焉，其状如人而二首，名曰骄虫，是为螫（shì）虫，实惟蜂蜜之庐。其祠之：用一雄鸡，禳（ráng）而勿杀。

解说　中央第六列缟羝山山系的第一座山，是平逢山，向南可望见伊水和洛水，向东可望见谷城山，这座山上不生花草树木，没有水，到处是沙子石头。山中有一位神，样子像人却长着两个头，叫做骄虫，是所有螫虫的首领，这里也是一切蜂类动物的归宿之处。祭祀这位山神，用一只公鸡作为祭品，在祈祷后放掉而不杀。

dài niǎo
𪄀鸟

东三百里，曰首山，其阴多榖柞，其草多茶（shù）芫（yuán），其阳多𤦲琈之玉，木多槐。其阴有谷，曰机谷，多𪄀鸟，其状如枭而三目，有耳，其音如录，食之已垫。

类型
奇鸟

形态
样子像猫头鹰却长着三只眼睛，有耳朵

异象
人吃了它的肉就能治好湿气病

解说 往东三百里，有一座首山，山北面有很多构树、柞树，这里的草以茶草、芫华居多，山南面盛产𤦲琈玉，这里的树木大多是槐树。山北面有一条峡谷，叫做机谷，峡谷里有许多𪄀鸟，样子像猫头鹰却长着三只眼睛，有耳朵，发出的声音如同鹿鸣叫的声音，人吃了它的肉就能治好湿气病。

又西十里，曰厜（guī）山，其阴多𤦲琈之玉，其西有谷焉，名曰雚谷，其木多柳楮。其中有鸟焉，状如山鸡而长尾，赤如丹火而青喙，名曰鸰鹞，其名自呼，服之不眯。交觞之水出于其阳，而南流注于洛。俞随之水出于其阴，而北流注于谷水。

解说 再往西十里，是厜山，山北面盛产𤦲琈玉，山的西面有一条峡谷，叫做雚谷，谷中的树木大多是柳树、楮树。山中有一种禽鸟，样子像山鸡却长着长尾巴，浑身色红如火焰，青色嘴巴，名叫鸰鹞，它的名字就是根据叫声来命名的，吃了它的肉不会做恶梦。交觞水从这座山的南麓流出，后向南流入洛水。俞随水从这座山的北麓流出，后向北流入谷水。

类型
奇鸟

形态
样子像山鸡而长尾，浑身色红如火焰，青色嘴巴

异象
吃了它的肉不会做恶梦

líng yāo
鸰鹞

xiū bì yú
脩辟鱼

又西五十里，曰橐山，其木多樗，多楒（bèi）木，其阳多金玉，其阴多铁，多萧。橐水出焉，而北流注于河，其中多脩辟之鱼，状如鼋（měng）而白喙，其音如鸥，食之已白癣。

解说 再往西五十里，叫橐山，树木大多是臭椿树，还有很多楒树，山南边盛产金属矿物和玉石，山北边盛产铁，还有茂密的艾蒿。橐水从这里发源，然后向北流入黄河，水中有很多脩辟鱼，样子像一般的蛙却长着白色的嘴巴，发出的声音如同鸥鹰的鸣叫声，人吃它能治愈白癣病。

shān gāo
山膏

又东二十里，曰苦山，有兽焉，名曰山膏，其状如逐，赤如丹火，善詈（lì）。

类型
异兽

形态
样子像猪，
身上红如火焰

异象
喜欢像人
那样詈骂

解说 再往东二十里，叫苦山，山中有一种野兽，名叫山膏，样子像猪，身上红得如同火焰，喜欢像人那样詈骂。上古时，帝喾出游，在山林中曾遇上一只山膏，岂料这异兽出口即骂，被帝喾的狗盘瓠咬死。

又东五十七里，曰大苦之山，多琚琈之玉，多麋玉。有草焉，其状叶如榆，方茎而苍伤，其名曰牛伤，其根苍文，服者不厥，可以御兵。其阳狂水出焉，西南流注于伊水，其中多三足龟，食者无大疾，可以已肿。

解说 再往东五十七里，是大苦山，山上多产琚琈玉、麋玉。山中有一种草，叶子与榆树叶相似，方形的茎干上长了青色的刺，名叫牛伤，根茎上有青色的斑纹，服用了它就能使人不得昏厥病，还能防御刀兵之灾。狂水从这座山的南麓流出，向西南流入伊水，水中有很多长着三只脚的龟，吃了它的肉就能使人不生大病，还能消除痈肿。

类型
灵龟

形态
三只脚

异象
吃了它的肉能
使人不生大病，
还能消除痈肿

sān zú guī
三足龟

lún yú
鲐鱼

异象
人吃了它的肉就不会打瞌睡

形态
样子像鲫鱼，黑纹

类型
异鱼

又东七十里，曰半石之山，其上有草焉，生而秀，其高丈余，赤叶赤华，华而不实，其名曰嘉荣，服之者不畏霆。来需之水出于其阳，而西流注于伊水，其中多鲐鱼，黑文，其状如鲋，食者不睡。

解说 再往东七十里，是半石山，山上长着一种草，一出土就吐穗开花，高一丈多，有红色的叶子和红花，开花后不结子实，名叫嘉荣，吃了它就不害怕雷鸣。来需水发源于山的南面，然后向西流入伊水，水中生长着许多鲐鱼，浑身长满黑色斑纹，样子像鲫鱼，人吃了它的肉就不会打瞌睡。

téng yú
鰧鱼

（半石之山）合水出于其阴，而北流注于洛，多
鰧鱼，状如鳜，居逸，苍文赤尾，食者不痈，可以为
瘘（lòu）。

类型
异兽

形态
样子像鳜鱼，
浑身青色斑纹，红尾巴

异象
人吃了它的肉
可以治疗瘘疮

解说 合水发源于山的北面，然后向北流入洛水，水中生长着
许多鰧鱼，样子像鳜鱼，潜伏在水底的洞穴中，浑身青
色斑纹，红尾巴，人吃了它的肉不患痈肿病，还可以治
疗瘘疮。

　　凡苦山之首，自休与之山至于大騩（guī）之山，凡十有九山，千一百八十四里。
其十六神者，皆豕身人面。其祠：毛牷（quán）用一羊羞，婴用一藻玉瘗（yì）。

解说 所有苦山山系，从休与山起到大騩山，共十九座山，途经一千一百八十四
里。其中十六座山的山神，都是猪的身子而人的面孔。祭祀这些山神的仪式
是：在毛物中用一只纯色的羊献祭，祭神的玉器用一块藻玉而在祭祀后埋入
地下。

类型
山神

形态
猪身人面

异象
无

shǐ shēn rén miàn shí liù shén
豕身人面十六神

苦山、少室、太室，皆冢也。其祠之：太牢之具，婴以吉玉。其神状皆人面而三首，其余属皆豕身而人面也。

解说 苦山、少室山、太室山都是诸山的宗主。祭祀这三座山神的仪式是：毛物用猪、牛、羊齐全的三牲作为祭品，祭神的玉器用吉玉。这三位山神的样子都是人的面孔却长着三个头，另外十六座山的山神都是猪的身子人的面孔。

苦山、少室、太室三山属于冢，冢位于高山之巅，是祭神的圣地，山神的居所，又是祖先的家园，是先民向往的地方。对冢的祭祀规格要比一般山神高，所以要用太牢，即牛、羊、猪三牲大礼。

jì méng
计蒙

又东百三十里，曰光山，其上多碧，其下多木。神计蒙处之，其状人身而龙首，恒游于漳渊，出入必有飘风暴雨。

类型
山神

形态
人的身子，龙的头

异象
出入水面时一定有暴风骤雨相伴随

解说 再往东一百三十里，是光山，山上多产碧玉，山下有很多树木。神计蒙居住在这座山里，它的样子是人的身子，龙的头，常常在漳水的深渊里畅游，出入水面时一定有暴风骤雨相伴随。

又东北百五十里，曰骄山，其上多玉，其下多青雘，其木多松柏，多桃枝钩端。神蟲围处之，其状如人面，羊角虎爪，恒游于雎漳之渊，出入有光。

解说 再往东北一百五十里，是骄山，山上有丰富的玉石，山下多产青雘，树木大多是松树、柏树，到处是桃枝和钩端一类的竹丛。神蟲围居住在这座山中，样子像人的面孔，长着羊一样的角，虎一样的爪子，常常在雎水和漳水的深渊里畅游，出入水面时闪烁光芒。

类型
山神

形态
样子像人的面孔，长着羊角虎爪

异象
出入水面时闪烁光芒

tuó wéi
蟲围

qiè zhī

窃脂

又东一百五十里，曰崌山，江水出焉，东流注于大江，其中多怪蛇，多鳖（zhì）鱼。其木多栖（yóu）柤，多梅梓。其兽多夔牛、羚（líng）、臭（chuò）、犀、兕。有鸟焉，状如鸮而赤身白首，其名曰窃脂，可以御火。

解说　再往东一百五十里，是崌山，江水从这座山发源，向东流入长江，水中有许多怪蛇，还有很多鳖鱼。山上的树木多是楢树和柤树，还有很多梅树与梓树。野兽多是夔牛、羚羊、臭、犀牛、兕。山中有一种禽鸟，样子像猫头鹰，红色的身子，白色的头，名叫窃脂，人饲养它可以防御火灾。

郭璞认为窃脂就是当时人们俗称的青雀，这种鸟嘴部弯曲，喜欢吃肉，常常飞到人们的家里偷吃肥肉，因此就有了"窃脂"这个名字。《朱子语录》中说："如驺虞之不杀，窃脂之不谷"，可能是因为窃脂能御火，人们还不忍心不喂它，作者把窃脂和瑞兽驺虞予以对比，可见窃脂深受人们的喜爱。

niǎo shēn rén miàn shén
鸟身人面神

荆山之首，自景山至琴鼓之山，凡二十三山，二千八百九十里。其神状皆鸟身而人面。

类型
山神

形态
鸟的身子
而人的面孔

异象
无

解说 所有荆山山系，从景山到琴鼓山，总共二十三座山，途经二千八百九十里。诸山山神的样子都是鸟的身子而人的面孔。

又东北三百里，曰岷山，江水出焉，东北流注于海，其中多良龟，多鼍（tuó）。其上多金玉，其下多白珉。其木多梅棠，其兽多犀象，多夔牛，其鸟多翰鷩（bì）。

解说 再往东北三百里，是岷山，长江从岷山发源，向东北流入大海，水中生长着许多优良的龟，还有许多扬子鳄。山上有丰富的金属矿物和玉石，山下盛产白色珉石。山上的树木多是梅树和海棠树，山里的野兽大多是犀牛、大象和夔牛，禽鸟多是白翰鸟和赤鷩鸟。

《山海经·大荒东经》描写夔是："状如牛，苍身而无角，一足，出入水则必有风雨，其光如日月，其声如雷，其名曰夔"。但更多的古籍中则说夔是蛇状怪物。"夔，神魅也，如龙一足。"

类型
神兽

形态
样子像牛，青色的身子而没有角，一只脚

异象
出入水必有风雨，能发出雷鸣之声，并伴以日月般的光芒

kuí niú
夔牛

shì láng
犰狼

类型
凶兽

形态
样子像狐狸，长着白色尾巴和长耳朵

异象
它一出现国家就会有战争

又东四百里，曰蛇山，其上多黄金，其下多垩（è），其木多枸（xún），多豫章，其草多嘉荣、少辛。有兽焉，其状如狐，而白尾长耳，名犰狼，见则国内有兵。

解说 再往东四百里，是蛇山，山上盛产黄金，山下盛产垩土，树木多是枸树和豫章树，花草多是嘉荣、细辛。山中有一种野兽，样子像狐狸，却长着白尾巴和长耳朵，名叫犰狼，它一出现国家就会有战争。

mǎ shēn lóng shǒu shén
马身龙首神

凡岷山之首，自女几山至于贾超之山，凡十六山，三千五百里。其神状皆马身而龙首。

解说 所有岷山山系，从女几山起到贾超山，总共十六座山，途经三千五百里。诸山山神的样子都是马的身子而龙的头。

类型
山神

形态
马的身子，
龙的头

异象
无

又东南三百里，曰丰山，有兽焉，其状如猿，赤目、赤喙、黄身，名曰雍和，见则国有大恐。

解说 再往东南三百里，是丰山，山中有一种野兽，样子像猿猴，长着红眼睛、红嘴巴、黄身子，名叫雍和，它一出现国家就会有大的恐怖事件发生。

类型
凶兽

形态
样子像猴，
长着红眼睛、
红嘴巴、黄身子

异象
它一出现国家
就会有大的恐
怖事件发生

yōng hé
雍和

qīng gēng
青耕

又西北一百里，曰葌理之山，其上多松柏，多美梓，其阴多丹雘，多金，其兽多豹虎。有鸟焉，其状如鹊，青身白喙，白目白尾，名曰青耕，可以御疫，其鸣自叫。

解说 再往西北一百里，是葌理山，山上有很多松树、柏树和优良的梓树，山北面盛产青雘，多产金属矿物，野兽多是豹子和老虎。山中有一种禽鸟，样子像喜鹊，长着青色的身子，白色的嘴巴，白色的眼睛，白色的尾巴，名叫青耕，人饲养它可以预防瘟疫，它的名字就是根据叫声来命名的。

zhèn 鸩

又东六十里，曰瑶碧之山，其木多梓枏，其阴多青雘，其阳多白金。有鸟焉，其状如雉，恒食蜚，名曰鸩。

解说 再往东六十里，是瑶碧山，树木多是梓树和楠木树，山北面盛产青雘，山南面盛产白银。山中有一种禽鸟，样子像野鸡，常吃蜚虫，名叫鸩。

类型
怪鸟
形态
样子像野鸡
异象
无

又东四十里，曰支离之山，淯水出焉，南流注于汉。有鸟焉，其名曰婴勺，其状如鹊，赤目、赤喙、白身，其尾若勺，其鸣自呼。

解说 再往东四十里，是支离山，淯水从这座山发源，向南流入汉水。山中有一种禽鸟，名叫婴勺，样子像喜鹊，长着红眼睛、红嘴巴、白身子，尾巴的形状像勺子，它的名字就是根据叫声来命名的。

类型
奇鸟
形态
样子像喜鹊，红眼睛、红嘴巴、白身子，尾巴像勺子
异象
无

yīng sháo 婴勺

lín
獬

类型
怪兽

形态
样子像狗，
长着老虎爪子，
身上有鳞甲

异象
人吃了它的
肉就不会患
风痹病

又东南三十里，曰依轱之山，其上多枏檀，多苴。有兽焉，其状如犬，虎爪有甲，其名曰獬，善駚（yǎng）牟（fén），食者不风。

解说 再往东南三十里，是依轱山，山上有很多枏树、檀树和苴。山中有一种野兽，样子像狗，长着老虎一样的爪子而身上又有鳞甲，名叫獬，擅长跳跃前扑，人吃了它的肉就不会患风痹病。

lí
猴

又东南二十里，曰乐马之山，有兽焉，其状如彙（huì），赤如丹火，其名曰猴，见则其国大疫。

类型
凶兽

形态
样子像刺猬，
全身赤红如火焰

异象
它一出现国家就
会发生大的瘟疫

解说 再往东南二十里，是乐马山，山中有一种野兽，样子像刺猬，全身赤红如火焰，名叫猴，它一出现国家就会发生大的瘟疫。

又东三十里，曰倚帝之山，其上多玉，其下多金。有兽焉，状如狀（fèi）鼠，白耳白喙，名曰狙如，见则其国有大兵。

解说 再往东三十里，是倚帝山，山上有丰富的玉石，山下有丰富的金属矿物。山中有一种野兽，样子像狀鼠，长着白耳朵、白嘴巴，名叫狙如，它一出现国家就会发生大的战争。

类型
凶兽

形态
样子像狀鼠，
长着白耳朵、
白嘴巴

异象
它一出现国家就
会发生大的战争

jū rú
狙 如

yí jí
狨即

类型

凶兽

形态

样子像膜犬，
长着红嘴巴、
红眼睛、
白尾巴

异象

它出现的国家
将会有火灾

又东三十里，曰鲜山，其木多栖杻苴，其草多虋冬，其阳多金，其阴多铁。有兽焉，其状如膜犬，赤喙、赤目、白尾，见则其邑有火，名曰狨即。

解说 再往东三十里，是鲜山，山上的树木多是楢树、杻树、苴，草类多是蔷薇，山南面有丰富的金属矿物，山北面有丰富的铁矿。山中有一种野兽，样子像膜犬，长着红嘴巴、红眼睛、白尾巴，它出现的国家将会有火灾，名叫狨即。

𩿎鵌

又东二百里，曰丑阳之山，其上多椆椐。有鸟焉，其状如乌而赤足，名曰𩿎鵌，可以御火。

类型
瑞鸟

形态
样子像乌鸦，
长着红色的爪子

异象
人饲养它可
以防御火灾

解说 再往东二百里，是丑阳山，山上有很多椆树和椐树。山中有一种禽鸟，样子像乌鸦却长着红色的爪子，名叫𩿎鵌，人饲养它可以防御火灾。

又东北七十里，曰历石之山，其木多荆芑，其阳多黄金，其阴多砥石。有兽焉，其状如狸，而白首虎爪，名曰梁渠，见则其国有大兵。

解说 再往东北七十里，是历石山，山上的树木多是牡荆和枸杞，山南面盛产金矿，山北面盛产细磨石。山中有一种野兽，样子像野猫，长着白色的头，老虎一样的爪子，名叫梁渠，它出现的国家会发生大的战争。

类型
凶兽

形态
样子像野猫，
白头，虎爪子

异象
它出现的国家
会发生大的战争

梁渠

yú ér
于 儿

异象
出入水面时闪烁光芒

形态
人的身子，手握两条蛇

类型
山神

又东一百五十里，曰夫夫之山，其上多黄金，其下多青、雄黄，其木多桑楮（chǔ），其草多竹、鸡鼓。神于儿居之，其状人身而身操两蛇，常游于江渊，出入有光。

解说 再往东一百五十里，是夫夫山，山上多产金矿，山下多产石青、雄黄，这里的树木多是桑树、楮树，草类大多是竹子、鸡谷草。神于儿居住在这座山中，他的样子是人的身子，手握两条蛇，常常游荡于长江的深渊中，出入水面时闪烁光芒。

wén lín
闻獜

又东三百五十里，曰几山，其木多栖檀租，其草多香。有兽焉，其状如彘，黄身、白头、白尾，名曰闻獜，见则天下大风。

类型
怪兽

形态
样子像猪，
长着黄身子、
白头、白尾巴

异象
它一出现天下
就会刮起大风

解说 再往东三百五十里，是几山，树木多是楢树、檀树、扭树，草类大多是香草。山中有一种野兽，样子像猪，黄身子、白头、白尾巴，名叫闻獜，它一出现天下就会刮起大风。

又东南二百里，曰即公之山，其上多黄金，其下多珛琈(tú fú)之玉。其木多柳、扭、檀、桑。有兽焉，其状如龟，而白身赤首，名曰蚑，是可以御火。

解说 再往东南二百里，是即公山，山上多产黄金，山下多产珛琈玉。树木多是柳树、扭树、檀树、桑树。山中有一种野兽，样子像乌龟，却长着白身子，红头，名叫蚑，人饲养它可以防御火灾。

类型
瑞兽

形态
样子像乌龟，
白身子，红头

异象
人饲养它可
以防御火灾

guǐ
蚑

huān tóu guó
讙头国

类型　异人

形态　长着人的面孔，有翅膀，鸟嘴

异象　无

讙头国在其南，其为人人面有翼，鸟喙，方捕鱼。一曰在毕方东。或曰讙朱国。

解说 讙头国在毕方鸟栖息之地的南面，那里的人都长着人的面孔，身上有翅膀，鸟嘴，正在那里捕鱼。另一种说法认为讙头国在毕方鸟的东面。还有人认为讙头国就是讙朱国。

相传尧没有把帝位让给自己的儿子丹朱，而是让给了有贤德的舜，把丹朱放逐到南方的丹水做诸侯；后因丹朱谋反失败，投海而死，其灵魂化身为鵺鸟，其子孙在南海建立的国家名叫讙头国、讙朱国。

海外南经

二五〇

yǔ mín guó
羽民国

羽民国在其东南，其为人长（cháng）头，身生羽。一曰在比翼鸟东南，其为人长颊。

解说 羽民国在比翼鸟之地的东南面，那里的人都长着长长的头，全身长满羽毛。另一种说法认为羽民国在比翼鸟栖息之地的东南面，那里的人都长着一副长长的脸颊。

类型
异人
形态
长头，全身长满羽毛
异象
无

结匈国在其西南，其为人结匈。

解说 结匈国在海外南经所记之地的西南面，那里的人都长着像鸡一样凸出的胸脯。

类型
异人
形态
长着像鸡一样
凸出的胸脯
异象
无

jié xiōng guó
结匈国

guàn xiōng guó

贯匈国

类型	异人	形态	胸口上有洞	异象	无

贯匈国在其东，其为人匈有窍。一曰在载（zhí）国东。

解说 贯匈国在载国的东面，那里的人胸口上有洞。另一种说法是贯匈国在载国的东面。

贯匈国的人他们胸口的大洞是怎么来的呢？传说大禹治水时，曾在会稽山召见天下诸神，吴越山神防风氏后到，禹把他杀了。洪水平息后，禹乘坐龙车巡游海外各国，经过南方，防风神裔见禹就怒射他。这时候，雷声大作，二龙驾车飞腾而去。防风神裔知道闯祸了，便用刀刃自贯其心而死。禹念其忠诚可嘉，便让人把不死草塞在死者胸前的洞中，使得死而复生；复生者因此而留下了从前胸到后背的一个大洞。

《异域志》记载，穿胸国，在盛海东，胸有窍，尊者去衣，令卑者以竹木贯胸抬之。"

厌火国

厌火国在其国南，兽身黑色，生火出其口中。一曰在讙朱东。

解说 厌火国在讙头国的南面，那里的人都长着野兽一样的身子，浑身漆黑，能从口中吐出火来。另一种说法认为厌火国在讙朱国的东面。

类型
神兽

形态
兽一样的身子，浑身漆黑

异象
能从口中吐出火来

交胫国在其东，其为大交胫。一曰在穿匈东。

解说 交胫国在贯匈国的东面，那里的人腿脚交并。另一种说法认为交胫国在穿匈国的东面。

交胫国是《淮南子》记载的海外三十六国之一，那里的人名叫交胫民。刘欣期的《交州记》记载：交胫国的人身上有毛，足骨无节，故腿脚弯曲而相互交叉，躺下去就起不来了，要有人搀扶才能站起来。

类型
异人

形态
腿脚交并

异象
无

交胫国

cháng bì guó
长臂国

| 类型 | 异人 | 形态 | 长手臂，两手各操一鱼 | 异象 | 无 |

长臂国在其东，捕鱼水中，两手各操一鱼。一曰在焦侥东，捕鱼海中。

解说 长臂国在周饶国的东面，那里的人正在水中捕鱼，两手各抓着一条鱼。另一
种说法认为长臂国在焦侥国的东面，那里的人是在大海中捕鱼。

长臂国是《淮南子》所记海外三十六国之一，那里的人叫修臂民。传说长臂
国在南方，一国的人都是长臂，臂长于身，下垂至地。

qí shé guó
岐舌国

岐舌国在其东。一曰在不死民东。

解说 岐舌国在不死民的东面，另一种说法认为岐舌国在不死民的东面。

岐舌又叫反舌。岐舌国是《淮南子》所记海外三十六国之一，其民曰反舌民。这里的人舌头倒着生，舌根在唇边，舌尖伸向喉部；他们说话只有自己能懂。

类型
异人

形态
舌头倒着生，
舌根在唇边，
舌尖伸向喉部

异象
无

南祝融，兽身人面，乘两龙。

解说 南方的祝融，长着野兽的身子人的面孔，乘着两条龙。

祝融的神职为火神，是炎帝之佐。《淮南子·时则篇》记载："南方之极，自北户孙之外，贯颛顼之国，南至委火风之野，赤帝（炎帝）、祝融之所司者万二千里。"

类型
火神

形态
兽身人面，
乘着两条龙

异象
无

zhù róng
祝融

sān shēn guó
三身国

无 | 异象
长着一个头，三个身子 | 形态
异人 | 类型

三身国在夏后启北，一首而三身。

解说 三身国在夏后启所在之地的北边，那里的人都长着一个头，三个身子。

《大荒南经》也有三身国："大荒之中，有不庭之山，荣水穷焉。有人三身。帝俊妻娥皇，生此三身国，姚姓，黍食，使四鸟。"这四鸟是虎、豹、熊、罴。使四鸟为什么是四只兽呢？郝懿行说："经言皆兽，而云使四鸟者，鸟兽同名耳。使者，可以驯服役使的意思。"

jī gōng guó
奇肱国

奇肱之国在其北，其人一臂三目，有阴有阳，乘文马。有鸟焉，两头，赤黄色，在其旁。

类型
异人

形态
长着一条胳膊，三只眼睛

异象
眼睛分阴阳

解说 奇肱国在一臂国的北面，那里的人是一条胳膊，三只眼睛，眼睛分为阴阳，他们骑着毛色有文采的马。那里还有一种鸟，长着两个头，红黄色的身子，栖息在他们的身旁。
传说奇肱国的人擅长制造各种灵巧的器械，又能制造飞车，这飞车没有驱动力，全靠借风而行。

一臂国在其北，一臂、一目、一鼻孔。有黄马，虎文，一目而一手。

解说 一臂国在三身国的北面，那里的人都是一条胳膊、一只眼睛、一个鼻孔。那里还有黄色的马，身上有老虎的斑纹，长着一只眼睛和一条前腿。

类型
异人

形态
长着一条胳膊、一只眼睛、一个鼻孔

异象
无

yī bì guó
一臂国

xíng tiān
刑 天

类型 战神

形态 无头，双乳为目，肚脐为口，操盾持斧

异象 无

刑天与帝至此争神，帝断其首，葬之常羊之山。乃以乳为目，以脐为口，操干戚以舞。

解说 刑天与黄帝争夺神位，黄帝砍断了刑天的头，把他的头埋在常羊山。没有了头的刑天便以双乳做眼睛，以肚脐做嘴巴，一手持盾牌一手操大斧而舞动。

传说刑天原是炎帝的属臣，虽然失败了，但是他永不妥协的精神却永远激励着后人。晋朝的大诗人陶渊明写诗对刑天的这种精神大加赞颂，诗中云："刑天舞干戚，猛志固常在。"

dǎn cì niǎo
鸝鸶鸟

鸶鸟、鸝鸟，其色青黄，所经国亡，在女祭北。鸶鸟人面，居山上。一曰维鸟，青鸟、黄鸟所集。

类型
凶鸟

形态
颜色青黄相间，长着人面

异象
所经过的国家就会衰亡

解说 鸶鸟和鸝鸟，它们的颜色是青黄相间，所经过的国家就会衰亡。鸶鸟和鸝鸟栖息在女祭的北面。鸶鸟长着人的面孔，住在山上。一说这两种鸟也叫维鸟，是青鸟、黄鸟聚集在一起的统称。

丈夫国在维鸟北，其为人衣冠带剑。

解说 丈夫国在维鸟的北面，那里的人衣冠整齐，佩带宝剑。

丈夫国里全是男子，没有女人，这是为什么呢？传说殷帝太戊曾派王孟到西王母处寻求不死药，后来中途断粮，困在半路，他只好滞留此地，以野果为食，以树皮作衣，住在荒山中。他终生没有妻子，天帝怜悯他没有后代，在他睡梦中从肋骨间跳出两个儿子，儿子出生以后，王孟就去世了。

他的儿子也用这种办法生出下一代，而且后代都是男子，慢慢地这个地方男子越来越多，就成立了丈夫国。

类型
异人

形态
衣冠整齐，佩带宝剑

异象
无

zhàng fū guó
丈夫国

nǚ chǒu shī
女丑尸

无　异象　以右手遮住脸　形态　神明　类型

女丑之尸，生而十日炙杀之。在丈夫北。以右手障其面。十日居之，女丑居山之山。

解说　有一具女丑的尸体，她是被十个太阳烤死的。她横卧在丈夫国的北面。女丑死时用右手遮住她的脸。十个太阳高高挂在天上，女丑的尸体横卧在山顶上。

传说女丑生下来就被太阳晒死了，为此，尧命后羿射十日。

女丑又见《大荒东经》："海内有两人，名曰女丑。女丑有大蟹。有人衣青，以袂蔽面，名曰女丑之尸。"

并封在巫咸东，其状如彘，前后皆有首，黑。

解说 并封出现在巫咸国的东边，它的样子像猪，前后都有头，全身黑色。

《大荒西经》有屏蓬，《大荒南经》有跊踢，都是左右有首的神兽。闻一多的《伏羲考》认为并封也作"并逢"，并字与逢字都为"合"意，是异兽雌雄同体的意思。

类型
神兽

形态
样子像猪，
前后都有头，
全身黑色

异象
无

女子国在巫咸北，两女子居，水周之。一曰居一门中。

解说 女子国在巫咸国的北面，有两个女子住在这里，四周有水环绕着。一说认为她们住在一道门的中间。

传说女子国在海中，四周环水，国中没有男子，妇人在黄池中沐浴即可怀孕生子；若生男子，三岁便会死去，所以女子国全是女子没有男子。

类型
异人

形态
绰约多姿

异象
无

nǚ zǐ guó
女子国

lóng yú
龙鱼

类型
灵鱼

形态
样子像鲤鱼

异象
无

龙鱼陵居在其北，状如鲤。一曰鰕（xiá）。即有神圣乘此以行九野。一曰鳖鱼在夭野北，其为鱼也如鲤。

解说 既可在水中居住又可在山陵居住的龙鱼在沃野的北面，它的样子像鲤鱼。另一种说法认为像鰕鱼。有神圣骑着它遨游在广大的原野上。还有一种说法认为鳖鱼在沃野的北面,这种鱼的样子也与鲤鱼相似。

长股国

长股之国在雄常北，披发。一曰长脚。

类型
异人

形态
披散着头发、长腿

异象
无

解说 长股国在雄常的北边，那里的人披散着头发。一说长股国也叫长脚国。

长股国的人双腿奇长无比，可达三丈，行走时就像踩着高跷一样。传说长股国民常背着长臂人入海捕鱼，他们不需要划船，衣服却一点儿不会被浪花打湿。后世的杂技表演踩高跷，就是模仿长脚人而来。

白民之国在龙鱼北，白身披发。有乘黄，其状如狐，其背上有角，乘之寿二千岁。

解说 白民国在龙鱼所在之地的北面，那里的人浑身雪白，披散着头发。有一种叫做乘黄的野兽，样子像狐狸，脊背上有角，人要是骑上它就能活两千岁。

乘黄是瑞兽，《山海经》中样子像狐狸的异兽不少，但它们的出现都是给人带来灾难，比如吃人的九尾狐、预示旱灾的猣猣、预示恐慌之事的朱獳等，唯独乘黄是个例外，以瑞兽的形象出现。

类型
瑞兽

形态
样子像狐狸，脊背上有角

异象
人骑上它就能活两千岁

乘黄

zhú yīn
烛阴

类型　山神

形态　人一样的脸，蛇的身子，全身红色

异象　无

钟山之神，名曰烛阴，视为昼，暝为夜，吹为冬，呼为夏，不饮，不食，不息，息为风，身长千里。在无脊之东，其为物，人面，蛇身，赤色，居钟山下。

解说　钟山的山神，名叫烛阴，他睁开眼睛是白天，闭上眼睛是黑夜，一吹气是寒冬，一呼气便是炎夏，不喝水，不吃食物，不呼吸，一呼吸就成了风，它的身子有一千里长。这位烛阴神在无脊国的东面，他长着人一样的脸，蛇身子，全身红色，居住在钟山脚下。

wú qǐ guó
无䏕国

无䏕之国在长股东，为人无䏕。

解说 无䏕国在长股国的东面，那里的人没有小腿肚子。

无䏕即是无启、无继，传说无继国在北方，这里的人没有后嗣，平日住在洞穴里，没有男女之别，靠吃空气、鱼和土维持生命，死后埋在土地里。人虽然死了，但灵魂却不死，一百年（一说一百二十年）以后，复活再生为人。

类型
异人
形态
没有小腿肚子
异象
无

一目国在其东，一目中其面而居。一曰有手足。

解说 一目国在钟山的东面，那里的人一只眼睛长在脸的正中间。一说那里的人有手脚。

《山海经》中记载一目国独眼奇人的还有两处，一是威姓少昊之子。据《大荒北经》"有人一目，当面中生。一曰威姓，少昊之子，食黍。"一是鬼国。据《海内北经》："鬼国在贰负之尸北，为物人面而一目。"

类型
异人
形态
一只眼睛长在
脸的正中间
异象
无

yī mù guó
一目国

xiāng liǔ
相柳

类型
凶神

形态
九头人面，
蛇身而青色

异象
无

　　共工之臣曰相柳氏，九首，以食于九山。相柳之所抵，厥为泽溪。禹杀相柳，其血腥，不可以树五谷种。禹厥之，三仞三沮，乃以为众帝之台。在昆仑之北，柔利之东。相柳者，九首人面，蛇身而青。不敢北射，畏共工之台。台在其东，台四方，隅有一蛇，虎色，首冲南方。

解说　天神共工的臣子叫相柳氏，有九个头，九个头分别在九座山上吃食物。相柳的身子所触的地方，都会变成沼泽和溪流。禹杀了相柳，相柳身上流出的血腥臭不堪，凡是他的血浸泡过的地方都不能种植五谷。禹掘土填埋这块地方，多次填满，多次塌陷，于是禹在这块地方筑起了帝尧、帝喾、帝舜等众帝之台。这些帝台在昆仑山的北边，柔利国的东边。相柳长着九个头，人一样的面孔，蛇的身子，浑身青色。这里的人因为敬畏位于北面的共工之台，都不敢向北射箭。共工之台在众帝之台的东边，台子呈四方形，台角有一条蛇，身上有虎一样的斑纹，头朝着南方。

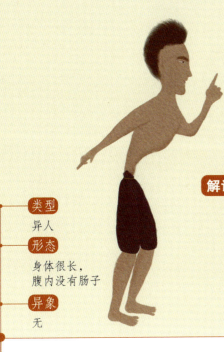

wú cháng guó
无 肠 国

无肠之国在深目东，其为人长而无肠。

解说 无肠国在深目国的东面，那里的人身体很长，腹内没有肠子。

无肠国的人腹内无肠，吃什么都一通到底。

类型
异人
形态
身体很长，
腹内没有肠子
异象
无

聂耳之国在无肠国东，使两文虎，为人两手聂其耳。县居海水中，及水所出入奇物。两虎在其东边。

解说 聂耳国在无肠国的东面，那里的人驱使着两只有花斑的老虎，并且在行走时用手托着自己的耳朵。聂耳国在海水环绕的孤岛上，所以能看到出入海水的各种怪物。有两只老虎在它的东面。

类型
异人
形态
行走时用手托
着自己的耳朵
异象
无

niè ěr guó
聂 耳 国

luó luó

罗罗

北海内有兽，其状如马，名曰騊駼（táo tú）。有兽焉，其名曰駮，状如白马，锯牙，食虎豹。有素兽焉，状如马，名曰蛩蛩。有青兽焉，状如虎，名曰罗罗。

解说 北海内有一种野兽，样子像马，名叫騊駼。又有一种野兽，名叫是駮，样子像白马，长着锯齿般的牙，能吃老虎和豹子。又有一种白色的野兽，样子像马，名叫蛩蛩。还有一种青色的野兽，样子像老虎，名叫罗罗。

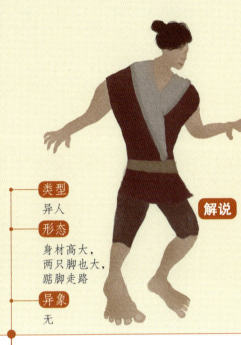

qǐ zhǒng guó
跂踵国

跂踵国在拘缨东，其为人大，两足亦大。一曰大踵。

类型
异人

形态
身材高大，两只脚也大，踮脚走路

异象
无

解说 跂踵国在拘缨国的东面，那里的人都是身材高大，两只脚也非常大。另一种说法是跂踵国叫反踵国。跂踵国的人行走时脚跟不着地，用脚趾头走路，所以叫跂踵。又说他们的脚反着生，如果往南走，足迹却向着北方，所以又叫反踵。

夸父国在聂耳东，其为人大，右手操青蛇，左手操黄蛇。邓林在其东，二树木。一曰博父。

解说 夸父国在聂耳国的东面，那里的人身体高大，右手握着青蛇，左手握着黄蛇。邓林在它的东面，其实是由两棵大的树木繁衍生长形成了树林。一说夸父国也叫博父国。

传说夸父是炎帝的后裔，在炎黄的战争中，被黄帝的神龙——应龙所杀，夸父的遗裔组成的国家就是夸父国。

类型
异人

形态
身体高大，右手握青蛇，左手握黄蛇

异象
无

kuā fù guó
夸父国

dà rén guó
大人国

类型	形态	异象
异人	身材高大	无

大人国在其北，为人大，坐而削船。一曰在䃜（jiē）丘北。

解说 大人国在䃜丘的北面，那里的人身材高大，正坐着削船。另一种说法认为大人国在撑丘䃜北面。

tiān wú
天吴

朝阳之谷，神曰天吴，是为水伯。在蚩蚩（hóng）北两水间。其为兽也，八首人面，八足八尾，背青黄。

类型
水神

形态
八首人面，八足八尾，背上的斑纹青黄相间

异象
无

解说 在朝阳谷，有一个神叫做天吴，就是水神。他住在蚩蚩北面的两条水流中间。这是一种兽类，长着八个头，人的面孔，八只足爪，八条尾巴，背上的斑纹青黄相间。

奢比之尸在其北，兽身、人面、大耳，珥两青蛇。一曰肝榆之尸在大人北。

解说 奢比尸在大人国的北面，那里的人都长着野兽的身子、人的面孔、大耳朵，耳朵上穿挂着两条青蛇。另一种说法认为肝榆尸在大人国的北面。

类型
异人

形态
兽身、人面、大耳朵，耳朵上穿插两条青蛇。

异象
无

shē bǐ shī
奢比尸

hēi chǐ guó

黑齿国

类型　异人

形态　长着黑牙齿

异象　无

黑齿国在其北，为人黑齿，食稻啖蛇，一赤一青，在其旁。一曰在竖亥北，为人黑首，食稻使蛇，其一蛇赤。

解说 黑齿国在竖亥所处之地的北面，那里的人长着黑牙齿，他们吃稻米和蛇，有一条红蛇和一条青蛇伴在身边。一说黑齿国在竖亥所在地的北面，那里的人长着黑脑袋，吃着稻米驱使着蛇，其中一条蛇是红色的。

《东夷传》记载：倭国东四十余里，有裸国，裸国东南有黑齿国，船行一年可到。黑齿国在十个太阳居住的汤谷附近，这里的人喜欢染齿，满嘴的牙都是黑色的。他们以稻黍为食，也啖蛇佐餐。赤蛇青蛇是他们的伙伴，又是他们的仆役。

黑齿民是帝俊的后裔，《大荒东经》记载：有黑齿之国。帝俊生黑齿，姜姓，黍食，使四鸟。

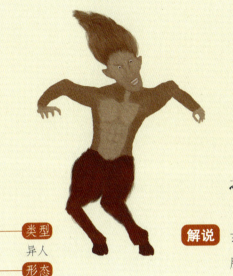

玄股国

玄股之国在其北。其为人衣鱼食躯，使两鸟夹之。一曰在雨师妾北。

解说 玄股国在雨师妾的北面。那里的人穿着鱼皮做的衣服，以躯鸟为食，身边一左一右有两只鸟相随。一说玄股国在雨师妾国的北面。

郭璞解说玄股国的人，从腰以下，整条腿都是黑色，所以叫玄股国。

类型
异人
形态
穿着鱼皮做的衣服，
整条腿都是黑色
异象
无

雨师妾在其北。其为人黑，两手各操一蛇，左耳有青蛇，右耳有赤蛇。一曰在十日北，为人黑身人面，各操一龟。

解说 雨师妾国在汤谷的北面。那里的人皮肤是黑色的，两只手各握着一条蛇，左边耳朵上挂着青蛇，右边耳朵上挂着红蛇。一说雨师妾国在十个太阳所在地的北面，那里的人是黑色身子而人的面孔，两只手各握着一只龟。

类型
异人
形态
黑色的皮肤，
两只手各操一蛇，
左耳朵有青蛇，
右耳有红蛇
异象
无

雨师妾

gōu máng

句芒

类型	木神
形态	鸟身人面，乘着两条龙
异象	无

东方句芒，鸟身人面，乘两龙。

解说 东方的句芒神，长着鸟的身子人的面孔，乘着两条龙。

句芒是古代神话中的木神、春神、树木之神，又是生命之神，因为物始生皆勾曲而芒角，所以取名句芒。句芒神名重，是西方天帝少昊之子，后来成为东方天帝伏羲的辅佐。

海外东经

二九八

láo mín guó
劳民国

劳民国在其北，其为人黑。或曰教民。一曰在毛民北，为人面目手足尽黑。

解说 劳民国在毛民国的北面，那里的人长得很黑。有人说劳民国就是教民国。一说劳民国在毛民国的北边，那里的人面部、眼睛、手和脚都是黑色的。

类型
异人

形态
长得很黑

异象
无

毛民之国在其北，为人身生毛。一曰在玄股北。

解说 毛民国在玄股国的北面，那里的人全身长满了毛。一说毛民国在玄股国的北面。

毛民国是《淮南子》所记海外的三十六国之一，其民叫毛民。传说毛民在大海洲岛上，离临海郡东南二千里，这里的人身材矮小，不穿衣服，脸上身上都长着箭镞一样的硬毛，住在山洞里。

类型
异人

形态
全身长满了毛

异象
无

máo mín guó
毛民国

异象

巴蛇张开嘴吞下它的
猎物，不会患心
痛或肚子痛之
类的病

形态

青绿巨大
身上有青、
黄、红、黑
四色混合间杂

类型

异兽

巴蛇食象，三岁而出其骨，君子服之，无心腹之疾。其为蛇青黄赤黑，一曰黑蛇青首，在犀牛西。

解说　巴蛇能吞下大象，吞吃后三年才吐出大象的骨头，君子吃了巴蛇的肉，就不会患心痛或肚子痛之类的病。巴蛇的颜色是青、黄、红、黑四色混合间杂。另一种说法认为巴蛇是黑色身子、青色脑袋，在犀牛所在地的西面。

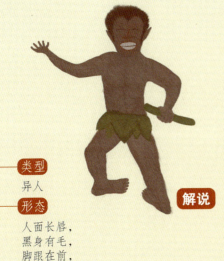

xiāo yáng guó

枭阳国

枭阳国在北朐之西。其为人人面长唇，黑身有毛，反踵，见人笑亦笑，左手操管。

类型
异人

形态
人面长唇，
黑身有毛，
脚跟在前，
脚尖在后

异象
无

解说 枭阳国在北朐国的西面。那里的人长着人的面孔、长嘴唇，黝黑的身子，浑身长毛，脚跟在前而脚尖在后，看见人笑就笑，左手握竹筒。

氐人国在建木西，其为人人面而鱼身，无足。

解说 氐人国在建木的西面，那里的人长着人的面孔，鱼一样的身子，没有脚。
氐人国即是互人国，根据《大荒西经》记载：氐人是炎帝的后裔，人面鱼身，胸以上为人，胸以下为鱼，没有脚，却有神通，能通上下于天，沟通天地。

类型
异人

形态
人面鱼身，
没有脚

异象
无

dī rén guó

氐人国

海内昆仑之虚，在西北，帝之下都。昆仑之虚，方八百里，高万仞。上有木禾，长五寻，大五围。而有九井，以玉为槛。面有九门，门有开明兽守之，百神之所在。在八隅之岩，赤水之际，非仁羿莫能上冈之岩。昆仑南渊深三百仞。开明兽身大类虎而九首，皆人面，东向立昆仑上。

解说 海内有一座昆仑山，屹立在西北方向，这里是天帝在下方的都城。昆仑山，方圆八百里，高达八千丈。山顶有一棵稻谷树，高有四丈，五人才能合围。昆仑山的每一面有九眼井，每眼井都有用玉石制成的围栏。昆仑山每一面都有九道门，而每道门都有开明兽守卫，这里是众神聚集的地方。诸神聚集的地方在八方山岩之间，赤水的岸边，没有后羿那样的本领，就休想攀登这些山岭上的巉岩。昆仑山的南面有一个深达三百仞的深渊。开明兽的身子大小与老虎相似，长着九个脑袋，都是人的面孔，面朝东立在昆仑山山顶。

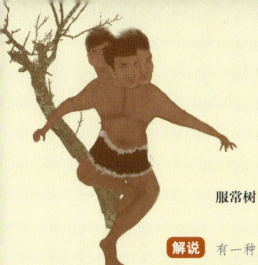

三头人

服常树，其上有三头人，伺琅玕（gān）树。

解说 有一种服常树，它的上面有个长着三个脑袋的人，守候着附近的琅玕树。

琅玕树是一种奇异的树，树上能长出珍珠般的美玉，十分珍贵。黄帝特地派了天神离朱，日夜守护着它。天神离朱是黄帝时的明目者，他的样子很怪，长着三个脑袋，六只眼睛。六只眼睛轮流看守琅玕树，真可谓万无一失了。

类型
异人

形态
长着三个脑袋

异象
无

贰负之臣曰危，危与贰负杀窫窳（yà yǔ）。帝乃梏之疏属之山，桎其右足，反缚两手与发，系之山上木。在开题西北。

解说 贰负有位臣子名叫危，危与贰负一起杀了窫窳。天帝知道后，便命人把危拘禁在疏属山中，给他的右足戴上脚镣，把他的双手与头发绑在后面，并捆到山上的一棵树上。疏属山在开题国的西北。

类型
天神

形态
右足戴上脚镣，
双手与头发绑在一起，
并捆到山上的一棵树上

异象
无

èr fù chén wēi

贰负臣危

quǎn róng guó
犬戎国

无 | 异象

样子长的像狗 | 形态

异人 | 类型

犬封国曰犬戎国，状如犬。有一女子，方跪进杯食。有文马，缟身朱鬣，目若黄金，名曰吉量，乘之寿千岁。

解说 犬封国也叫犬戎国，那里的人样子长得像狗。犬封国有一位女子，正手持杯子，跪着进献食物。那里还有一种带斑纹的马，白色身子，红色鬣毛，眼睛像黄金一样闪闪发光，名叫吉量，骑上它就能使人活到千岁。

犬戎国即是犬封国、狗国。传说从前盘瓠杀戎王，高辛以美女妻之，并在会稽东海中，封地三百里，生男为狗，女为美人，这就是狗封国、犬封国，又称犬戎国。

海内北经

三〇

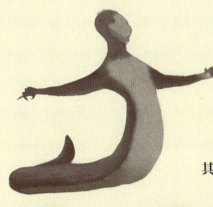

鬼国在贰负之尸北，为物人面而一目。一曰贰负神在其东，为物人面蛇身。

解说 鬼国在贰负之尸的北面，那里的人长着人的面孔却只有一只眼睛。一说贰负神在鬼国的东面，他是人的面孔而蛇的身子。

类型
异人

形态
人的面孔，
一只眼睛

异象
无

蛔犬如犬，青，食人从首始。

解说 蛔犬的样子像狗，全身青色，它吃人是从人的头开始吃起。

类型
凶兽

形态
样子像狗，
全身青色

异象
无

据 比 尸

类型	形态	异象
天神	折断了脖子、披头散发，缺一只手	无

据比之尸，其为人折颈披发，无一手。

解说 据比的尸首，他的样子是折断了脖子、披头散发，缺一只手。

据比即是诸比，掾比。据比是天神，被杀后，灵魂不死，成为据比之尸。

环狗

环狗，其为人兽首人身。一曰蝟状如狗，黄色。

解说 有一个环狗国，这个国家的人长着兽一样的头，人一样的身子。一说样子像刺猬，又有点像狗，浑身黄色。

类型
异人

形态
长着兽一样的头，人一样的身子

异象
无

阘非，人面而兽身，青色。

解说 阘非，长着人的面孔却是兽的身子，全身青色。

类型
怪兽

形态
人面兽身，全身青色

异象
无

阘非

zōu wú
驺吾

类型　瑞兽

形态　大如虎，身上有五种颜色的斑纹，尾巴比身子长

异象　无

林氏国有珍兽，大若虎，五采毕具，尾长于身，名曰驺吾，乘之日行千里。

解说 林氏国有一种珍奇的野兽，大小与老虎差不多，身上有五种颜色的斑纹，尾巴比身子长，名叫驺吾，骑上它可以在一天之内驰骋千里。

驺吾即是邹虞，被奉为圣兽、仁德忠义之兽。传说驺吾即是白虎，黑文，尾长于躯，不食生物，不履生草，食自死之肉，君王有德则见。《六韬》中记载：商纣王囚禁了周文王，西周开国功臣的徒弟从林氏国求得瑞兽邹虞，然后将瑞兽献给了纣王，纣王很是喜悦，就释放了文王。

bīng yí

冰夷

从极之渊，深三百仞，维冰夷恒都
焉。冰夷人面，乘两龙。一曰忠极之渊。

解说 从极渊有三百仞那么深，只有水神冰夷一
直住在这里。冰夷长着人的面孔，乘着两
条龙。一说从极渊也叫忠极渊。

类型
河神

形态
长着人的面孔，
乘着两条龙

异象
无

戎，其为人人首三角。

解说 戎,这种人长着人一样的头，头上有三只角。

类型
异人

形态
长着人一样的头，
头上有三只角

异象
无

róng

戎

léi shén

雷神

类型
雷神

形态
龙的身人的头

异象
敲击腹部便雷声隆隆

雷泽中有雷神，龙身而人头，鼓其腹则雷。在吴西。

 **解说**　雷泽中有一位雷神，长着龙的身子人的头，敲击腹部便雷声隆隆。雷泽在吴地的西面。

大鯿鱼

陵鱼，人面、手、足，鱼身，在海中。大鯿鱼居海中。

解说 陵鱼，长着人的面孔，而且有手有脚，鱼的身子，生活在海里。大鯿鱼生活在海里。

类型
怪鱼
形态
银色、
菱形
异象
无

陵鱼，人面、手、足，鱼身，在海中。

解说 陵鱼，长着人的面孔，而且有手有脚，鱼的身子，生活在海里。

类型
怪鱼
形态
长着人面，
有手脚，
鱼的身子
异象
无

líng yú
陵鱼

注：大鯿鱼、陵鱼本是出自第十二卷，因考虑编排问题，故放在本卷。

shé dān
折丹

<table>
<tr><td>无</td><td>异象</td><td>威武</td><td>形态</td><td>风神</td><td>类型</td></tr>
</table>

　　大荒之中，有山名曰鞠陵于天、东极、离瞀，日月所出。有神名曰折丹，东方曰
折，来风曰俊，处东极以出入风。

解说　大荒中，有三座山分别叫鞠陵于天山、东极山、离瞀山，那里是太阳和月亮
　　　　升起的地方。有个神名叫折丹，东方人单称他为折，从东方吹来的风称作
　　　　俊，折丹神就处在大地的最东边，掌管风的出入。

小人国

有小人国，名靖（jìng）人。

解说 有个小人国，那里的人名叫靖人。

《说文》解释：靖，细貌；故小人名靖人。靖人又叫诤人、竫人。

《列子·汤问篇》说：东北极有人名曰诤人，长九寸。

类型
异人

形态
个子矮小

异象
无

有神，人面兽身，名曰犁𩕄魂之尸。

解说 有一个神，长着人的面孔野兽的身子，名叫犁𩕄魂尸。

类型
天神

形态
人面兽身

异象
无

lí líng zhī shī

犁𩕄魂之尸

yìng lóng
应龙

下雨

旱灾时，人们扮成应龙的样子，天上就会

异象

体态矫健，龙爪雄劲

形态

神龙

类型

大荒东北隅中，有山名曰凶犁土丘。应龙处南极，杀蚩尤与夸父，不得复上，故下数旱。旱而为应龙之状，乃得大雨。

解说 在大荒的东北角上，有一座山名叫凶犁土丘。应龙住在这座山的最南端，他杀了蚩尤和夸父，不能再回到天界，天界没有了应龙而下界多次发生旱灾。每当发生旱灾时，人们扮成应龙的样子，天上就会下大雨。

大荒东经

三三〇

五采鸟

有五采之鸟，相乡弃沙。惟帝俊下友。帝下两坛，采鸟是司。

解说 有一群长着五彩羽毛的鸟，相对而舞。天帝帝俊从天上下来和它们做朋友。帝俊在下界的两座祭坛，由这群五彩鸟掌管。

类型
神鸟

形态
长着五彩羽毛

异象
无

有困民国，勾姓，而食。有人曰王亥，两手操鸟，方食其头。王亥托于有易、河伯仆牛。有易杀王亥，取仆牛。河念有易，有易潜出，为国于兽，方食之，名曰摇民。帝舜生戏，戏生摇民。

解说 有一个因民国，那里的人姓勾，以黍为主要食物。有一个名叫王亥的人，两只手抓着鸟，正在吃鸟的头。王亥把一大群牛寄养在有易国和河伯那里。有易国的人杀了王亥，夺走了这群牛。后来，殷主为王亥报仇，杀了有易国的国君，河伯顾念与有易国的交情，帮助有易的人偷偷跑了出来，有易国的人在野兽成群出没的地方以食兽为生，并重新建立了一个国家，名叫摇民。帝舜生了戏，戏生了摇民。

困民，困为因字之误，又称摇民、嬴民。

类型
神人

形态
两只手抓着鸟，正在吃鸟的头

异象
无

王亥

xuán shé
玄蛇

异象　黑色的身子，正在吞食驼鹿

形态　巨蛇

类型

　　有荣山、荣水出焉。黑水之南，有玄蛇，食麈（zhǔ）。有巫山者，西有黄鸟。帝药，八斋。黄鸟于巫山，司此玄蛇。

解说　有一座荣山，荣水从这座山发源。在黑水的南岸，有一条黑蛇，正在吞食驼鹿。有一座巫山，在巫山的西面有一只黄鸟。天帝的仙药就分别藏在巫山的八个斋舍中。黄鸟在巫山上专门监视那条大黑蛇——防止它来偷食仙药。

　　玄蛇不仅吞食驼鹿，还会偷食仙药，所以黄鸟专门看守此玄蛇。在《山海经》里，玄蛇、麈、黄鸟这三者共同构成了一个相互制约的生物网，一物降一物。

yíng mín guó
盈民国

有盈民之国，於姓，黍食。又有人方食木
叶。

解说 有一个盈民国，这里的人姓於，以黍为食物。又
有人正在吃树叶。

传说这个国家的人吃一种树木的叶子，吃了之后
能成仙。

类型
异人

形态
有人正在
吃树叶

异象
无

南海之外，赤水之西，流沙之东，有兽，左右有首，名曰跦踢。

解说 在南海以外，赤水的西边，流沙的东边，有一种野兽，身体的左右两侧各长
着一个脑袋，名叫跦踢。

类型
奇兽

形态
身体的左右
两侧各长着
一个脑袋

异象
无

chù tī
跦 踢

bù tíng hú yú

不廷胡余

南海渚（zhǔ）中，有神，人面，珥两青蛇，践两赤蛇，曰不廷胡余。

解说 在南海的岛屿上，有一个神，长着人的面孔，耳朵上挂着两条青蛇，脚底踩着两条红蛇，这个神叫不廷胡余。

不廷胡余是南海岛屿上的海神，他的名字很特别，有学者说是古代巴人的方言土语（吕子方《中国科学技术史论文集》下，四川人民出版社，1984年）。

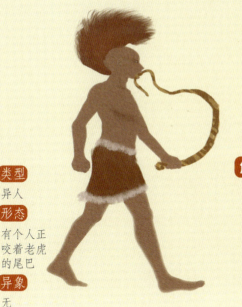

zǔ zhuàng zhī shī
祖状之尸

有人方齿虎尾，名曰祖状之尸。

解说 有个人正咬着老虎的尾巴，他的名字叫祖状尸。

类型
异人

形态
有个人正咬着老虎的尾巴

异象
无

有小人，名曰焦侥之国，几姓，嘉谷是食。

解说 有一个由三尺高的小人组成的国家，名叫焦侥国，那里的人姓几，以优良谷米为食物。

类型
异人

形态
三尺高

异象
无

jiāo yáo guó
焦侥国

xī hé yù rì

羲和浴日

生了十个太阳

形态
端庄、祥和

类型
太阳女神

东南海之外，甘水之间，有羲和之国。有女子名曰羲和，方日浴于甘渊。羲和者，帝俊之妻，生十日。

解说 在东海之外，甘水之间，有一个羲和国。有一个名叫羲和的女子，正在甘渊中给她的儿子太阳洗澡。羲和，是帝俊的妻子，生了十个太阳。

《海外东经》记："汤谷上有扶桑，十日所浴，在黑齿国北。居水中，有大木，九日居下枝，一日居上枝。"《大荒东经》又记："汤谷上有扶木，一日方至，一日方出。"羲和是十个太阳的母亲，十个太阳住在东方海外的汤谷，汤谷又叫旸谷、甘渊，是十个太阳洗澡的地方。汤谷上有一棵扶桑树，高数千丈，是十个太阳居住的地方。九个太阳住在下面的枝条上，一个太阳住在上面的枝条上，十个太阳轮流出现在天空，一个回来，另一个才去值班，每次都由他们的母亲羲和驾着车子接送。

jūn rén
菌人

有小人，名曰菌人。

解说 有一种身材特别矮小的人，名叫菌人。

类型
异人

形态
身材
矮小

异象
无

有人名曰张弘，在海上捕鱼。海中有张弘之国，食鱼，使四鸟。

解说 有一个人名叫张弘，正在海上捕鱼。海岛上有一个张弘国，国中的人以鱼为
食物，能驯化驱使四种野兽。
成或因绘图本与《边裔典》的张弘国人鸟喙有翼，手上抓鱼。

类型
异人

形态
鸟嘴有翼，
手上抓鱼

异象
无

zhāng hóng guó
张弘国

shí yí

石夷

类型	形态	异象
风神	威风凛凛	无

有人名曰石夷，来风曰韦，处西北隅以司日月之长短。

解说 有一位神人名叫石夷，风吹来的地方叫做韦，石夷在西北角掌管着日月运行时间的长短。

石夷为西方之神，又是西方风神。《山海经》记有四方神、四方风神之名及职守，如《大荒东经》的东方风神折丹，本经的西方风神石夷，《大荒南经》的南方风神因因乎，《大荒东经》的北方风神鵷。

大荒西经

三四六

míng niǎo
鸣鸟

有弇（yǎn）州之山，五采之鸟仰天，名曰鸣鸟。爰有百乐歌舞之风。

解说 有一座弇州山，有一只五彩斑斓的鸟仰面向天，它的名字叫鸣鸟。这里盛行各种音乐和唱歌跳舞的风气。鸣鸟属凤凰类，是五彩之鸟，吉祥之鸟。

类型
瑞鸟
形态
五彩斑斓，
仰面向天
异象
无

有五采之鸟，有冠，名曰狂鸟。

解说 有一种长着五彩羽毛的鸟，头上有冠，名叫狂鸟。

类型
瑞鸟
形态
五彩羽毛，
头上有冠
异象
无

kuáng niǎo
狂鸟

xū

噓

无 | 异象

人面无臂，两只脚反转着架在头上 | 形态

神 | 类型

　　大荒之中，有山名曰日月，天枢也。吴姬天门，日月所入。有神，人面无臂，两足反属于头上，名曰噓。颛顼生老童，老童生重及黎，帝令重献上天，令黎邛下地。下地是生噎，处于西极，以行日月星辰之行次。

解说　大荒之中，有座山名叫日月山，是天的枢纽。日月山的主峰叫吴姬天门，是太阳和月亮降落的地方。有一位神，样子像人而没有胳膊，两只脚反转着架在头上，名叫噓。帝颛顼生了老童，老童生了重和黎，帝颛顼命令重托着天用力往上举，又命令黎撑着地使劲朝下按，于是天地彻底分开了。于是黎来到地下并生了噎，他就处在大地的最西端，主管着太阳、月亮和星辰运行的先后次序。

　　噓即是噎，就是《海内经》的噎鸣（"黎（后土）生噎鸣"），是主管日月星辰行次的时间之神。

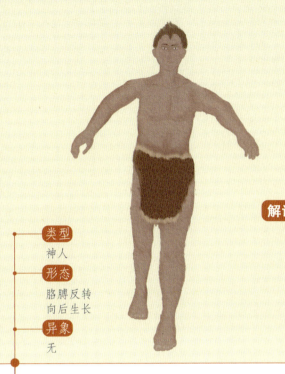

tiān yú
天虞

有人反臂，名曰天虞。

解说 有位神人胳膊反转向后生长，名叫天虞。

类型
神人

形态
胳膊反转
向后生长

异象
无

西海陼（zhǔ）中，有神，人面鸟身，珥两青蛇，践两赤蛇，名曰弇兹。

解说 在西海的岛屿上，有一位神人，人面鸟身，耳朵上挂着两条青蛇，脚下踩踏着两条红蛇，名叫弇兹。

类型
海神

形态
人面鸟身，
耳朵上挂
着两条青蛇，
脚下踩踏
着两条红蛇

异象
无

yān zī
弇兹

类型
奇鸟

形态
青色的翅膀，
黄色的尾巴，
黑色的嘴壳

异象
无

有巫山者。有壑山者。有金门之山，有人名曰黄姬之尸。有比翼之鸟。有白鸟，青翼，黄尾，玄喙。

解说 有一座巫山。有一座壑山。还有一座金门山，山上有个人名叫黄姬尸。有比翼鸟。有一种白鸟，长着青色的翅膀，黄色的尾巴，黑色的嘴壳。

cháng xī yù yuè
常羲浴月

有女子方浴月。帝俊妻常羲，生月十有二，此始浴之。

解说 有一位女子正在给月亮洗澡。帝俊的妻子常羲，生了十二个月亮，这是她刚开始给他们洗澡。

类型
天神

形态
端庄、美丽

异象
生了十二个月亮

有玄丹之山。有五色之鸟，人面有发。爰有青鸢（wén）、黄鷔（áo），青鸟、黄鸟，其所集者其国亡。

解说 有一座玄丹山。山上有一种五彩羽毛的鸟，长着人一样的脸，头上有发。山上还有青鸢、黄鷔，青鸟和黄鸟所飞集栖息的国家会衰亡。

类型
凶鸟

形态
长着五彩羽毛，人面有发

异象
无

wǔ sè niǎo
五色鸟

xià gēng shī
夏耕尸

　　有人无首，操戈盾立，名曰夏耕之尸。故成汤伐夏桀于章山，克之，斩耕厥前。耕既立，无首，走厥咎，乃降于巫山。

解说 有个人没有了脑袋，手拿一把戈和一面盾牌站立着，名叫夏耕尸。当初成汤在章山讨伐夏桀，打败了夏桀，当着他的面砍下了夏耕的脑袋。夏耕尸站起来后，发觉没了脑袋，为了逃避罪责，于是逃到巫山去了。

夏耕是夏朝最后一任帝王夏桀手下镇守章山的一员大将，夏桀荒淫无道，在成汤伐夏桀的时候，夏耕镇守章山，结果被汤王砍下了脑袋，夏耕没有了脑袋，仍然手操戈盾，站立尽职。

三面人

大荒之中，有山，名曰大荒之山，日月所入。有人焉三面，是颛顼之子，三面一臂，三面之人不死。是谓大荒之野。

类型
异人

形态
三张面孔，
一只胳膊

异象
无

解说 大荒之中，有一座山，名叫大荒山，是太阳和月亮降落的地方。这里有一种人，头上有三张面孔，是颛顼的后代，三张面孔，一只胳膊，这种三张面孔的人永远不死。这就是大荒野。

有赤犬，名曰天犬，其所下者有兵。

解说 有一种红色的狗，名叫天犬，凡是它所降临的地方都会发生战争。

类型
凶兽

形态
全身红色

异象
凡是它所
降临的地
方都会发
生战争

天犬

zhǔ niǎo

鸀鸟

类型
奇鸟

形态

身子是黄色的，爪子是红色的，六个脑袋

异象

有青鸟，身黄，赤足，六首，名曰鸀鸟。

解说 有一种青鸟，身子是黄色的，爪子是红色的，长个六个头，名叫鸀鸟。

大荒西经

三六二

互人

有互人之国。炎帝之孙名曰灵恝（jiá），灵
恝生互人，是能上下于天。

解说 有一个互人国。炎帝的孙子名叫灵恝，灵恝生了
互人，互人能乘云驾雾上下于天。

互人是炎帝的后裔，人面鱼身，没有脚，能上下
于天，是人神的沟通者。

类型
异人

形态
人面鱼身，
没有脚

异象
无

有鱼偏枯，名曰鱼妇。颛顼死即复苏。风道北来，天及大水泉，蛇乃化为鱼，是
为鱼妇。颛顼死即复苏。

解说 有一种鱼身子半边干枯，一半是人形，一半是鱼形，名叫鱼妇，这是帝颛顼死后
苏醒过来而变成的。风从北方吹来，天涌出大水如泉，蛇于是化为鱼，这便是鱼
妇。而死去的颛顼就是趁蛇鱼变化时托体鱼躯并重新复苏的。

类型
神鱼

形态
身子半边干枯，
一半是人形，
一半是鱼形

异象
无

yú   fù
鱼 妇

fēi zhì
蜚蛭

类型
飞虫

形态
长着四只翅膀

异象
无

大荒之中，有山名曰不咸。有肃慎氏之国。有蜚蛭，四翼。

解说 大荒之中，有座山名叫不咸山。有个肃慎氏国。有一种能飞的蛭，长着四只翅膀。

qín chóng

琴虫

大荒之中，有山名曰不咸。有肃慎氏之
国。有虫，兽首蛇身，名曰琴虫。

解说 大荒之中，有座山名叫不咸山。有个肃慎氏
国。有一种蛇，长着野兽的脑袋，蛇的身
子，名叫琴虫。

类型
怪蛇

形态
长着野兽
的脑袋，
蛇的身子

异象
无

有叔歜 (chù) 国，颛顼之子，黍食，使四鸟：虎、豹、熊、罴。有黑虫如熊状，
名曰猎猎。

解说 有一个叔歜国，这里的人是颛顼的子孙后代，以黍为食物，能驯化驱使四种
野兽：老虎、豹子、熊和罴。有一种黑色的虫，样子与熊相似，名叫猎猎。

类型
怪兽

形态
样子与
熊相似

异象
无

xì xì

猎猎

yú qiáng
禺强

有儋耳之国，任姓，禺号子，食谷。北海之渚 (zhǔ) 中，有神，人面鸟身，珥两青蛇，践两赤蛇，名曰禺强。

解说　有一个儋耳国，国中的人姓任，是禺号的后代，以五谷为食物。北海的岛上有一位神，长着人的面孔，鸟的身子，耳上挂着两条青蛇，脚底踩着两条红蛇，名叫禺强。

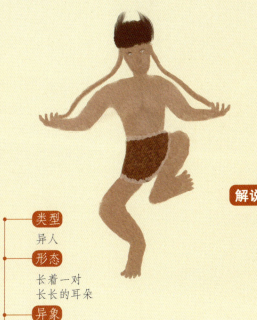

dān ěr guó
儋耳国

有儋耳之国，任姓，禺号子，食谷。

解说 有一个儋耳国，国中的人姓任，是禺号的后代，以谷物为食。儋耳国即是聂耳国。这里的人长着一对长长的耳朵，走路时用双手托着。

类型
异人

形态
长着一对
长长的耳朵

异象
无

大荒之中，有山名曰北极天柜，海水北注焉。有神，九首人面鸟身，名曰九凤。

解说 大荒之中，有一座山名叫北极天柜，海水从北面流注其中。有一位神，长着九个头，人的面孔，鸟的身子，名叫九凤。

凤和龙是中国古代最为崇拜的两大图腾，九，在中国古代也是神秘的数字，楚人崇凤崇九。楚地奉九凤为神的信仰，有着十分古老的渊源，这种信仰在楚人心中打下深深的烙印。

类型
神鸟

形态
长着九个头，
人的面孔，
鸟的身子

异象
无

jiǔ fèng
九凤

chī yóu

蚩尤

蚩尤作兵伐黄帝，黄帝乃令应龙攻之冀州之野。应龙畜水，蚩尤请风伯雨师，纵大风雨。黄帝乃下天女曰魃，雨止，遂杀蚩尤。

解说 蚩尤制造了多种兵器用来攻击黄帝，黄帝便派应龙到冀州的原野去攻打蚩尤。应龙积蓄了很多水，而蚩尤请来风伯和雨师，纵起了一场大风雨，使应龙所积蓄的水没有了用处。黄帝就降下名叫魃的天女助战，于是雨被止住了，并杀死了蚩尤。

蚩尤兽身人语，铜头铁额，以沙石、铁石为食；一说蚩尤人身牛蹄，四目六手，头有角（见《龙鱼河图》《述异记》）。

相传蚩尤为黄帝时的诸侯，因叛乱与黄帝战于涿鹿，为帝所戮。近人或谓蚩尤为古代苗族的酋长，说法不一。

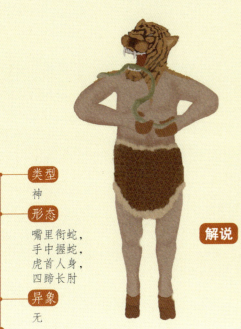

qiáng liáng
强良

大荒之中，有山名曰北极天柜，海水北注焉。又有神，衔蛇操蛇，其状虎首人身，四蹄长肘，名曰强良。

类型
神

形态
嘴里衔蛇，
手中握蛇，
虎首人身，
四蹄长肘

异象
无

解说 大荒之中，有一座山名叫北极天柜，海水从北面流注其中。又有一位神，嘴里衔蛇，手中握蛇，它的样子是长着老虎的脑袋，人的身子，有四只蹄子和长长的肘臂，名叫强良。

有钟山者。有女子衣青衣，名曰赤水女子献。

解说 有一座钟山。有一个穿青色衣服的女子，名叫赤水女子献。

吴承志说："献当作魃"赤水女子献即是徙居赤水北的黄帝女魃。郭璞《图赞》："江有窈窕，水生艳滨。彼美灵献，可以痊神。交甫丧佩，无思远人。"从郭璞的图赞来看，这位江边的窈窕艳人和那位因旱虐被赶至赤水之北的秃顶女魃，在外形和品格上有着天壤之别。

类型
神女

形态
穿着
青色
衣服

异象
无

chì shuǐ nǔ zǐ xiàn
赤水女子献

大荒之中，有山名曰融父山，顺水入焉。有人名曰犬戎。黄帝生苗龙，苗龙生融吾，融吾生弄明，弄明生白犬，白犬有牝牡，是为犬戎，肉食。有赤兽，马状无首，名曰戎宣王尸。有国名曰赖丘。有犬戎国。有人，人面兽身，名曰犬戎。

解说 大荒之中，有座山名叫融父山，顺水流入这座山。有一种人名叫犬戎。黄帝生了苗龙，苗龙生了融吾，融吾生了弄明，弄明生了白犬，白犬有雌有雄，能够自相配偶，便生成犬戎族人，吃肉类食物。有一种红色的兽，样子像马却没有脑袋，名叫戎宣王尸。有一个国家名叫赖丘。有一个犬戎国。有一种人，长着人的面孔，兽的身子，名叫犬戎。

róng xuān wáng shī
戎宣王尸

大荒之中，有山名曰融父山，顺水入焉。有人名曰犬戎。黄帝生苗龙，苗龙生融吾，融吾生弄明，弄明生白犬，白犬有牝牡，是为犬戎，肉食。有赤兽，马状无首，名曰戎宣王尸。

解说

大荒之中，有座山名叫融父山，顺水流入这座山。有一种人名叫犬戎。黄帝生了苗龙，苗龙生了融吾，融吾生了弄明，弄明生了白犬，白犬有雌有雄，能够自相配偶，便生成犬戎族人，以肉类为食物。有一种红色的兽，样子像马却没有脑袋，名叫戎宣王尸。

类型
神

形态
红色的身体，样子像马却没有脑袋

异象
无

西北海外，黑水之北，有人有翼，名曰苗民。颛顼生驩头，驩头生苗民，苗民厘姓，食肉。有山名曰章山。

解说 在西北方的海外，黑水的北边，有一种人长着翅膀，名叫苗民。颛顼生了驩头，驩头生了苗民，苗民人姓厘，以肉类为食物。有一座山名叫章山。

根据《海外南经》记载：三苗国在赤水的东面，国民们总是相随而行。还有一种说法，三苗国叫作三毛国。关于三苗国的由来，郭璞注解，当初尧帝把天下禅让给舜，三苗之君对此很不满意，尧帝因此杀了三苗之君，后来苗民反叛，迁居南海，在此建立了三苗国。苗民们虽有翅膀，却不能飞翔。

类型
异人

形态
长着翅膀

异象
无

miáo mín
苗民

ruǎn shé

蝡蛇

类型	形态	异象
神蛇	全身红色	无

有禺中之国。有列襄之国。有灵山，有赤蛇在木上，名曰蝡蛇，木食。

解说 有一个禺中国。又有一个列襄国。有一座灵山，山中的树上有一种红颜色的蛇，叫做蝡蛇，它以树木为食物。

海内经

三八二

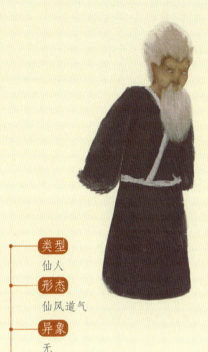

bǎi gāo
柏高

华山青水之东，有山名曰肇山。有人名曰柏高，柏高上下于此，至于天。

解说 华山青水的东面，有一座山名叫肇山。山中有位仙人，名叫柏高，柏高经常从这里上下来往，直至到达天上。

类型
仙人

形态
仙风道气

异象
无

　　流沙之东，黑水之西，有朝云之国、司彘之国。黄帝妻雷祖，生昌意。昌意降处若水，生韩流。韩流擢首、谨耳、人面、豕喙、麟身、渠股、豚止。取淖（zhuō）子曰阿女，生帝颛顼。

解说 流沙的东边，黑水的西边，有朝云国、司彘国。黄帝的妻子，就是教人们养蚕的嫘祖，嫘祖生了昌意。昌意被贬降到若水，生了韩流。韩流是长脑袋、小耳朵、人的面孔、猪的嘴巴、麒麟一样的身子、罗圈腿、猪一样的蹄子。他娶了一位淖子族中的女儿为妻，名叫阿女，生了帝颛顼。

类型
异人

形态
长脑袋、
小耳朵、
人面孔、
猪嘴巴、
麒麟身、
罗圈腿、
猪蹄子

异象
无

hán liú
韩流

hēi shé

黑蛇

无 **异象**

脑袋 长着青色的 **形态**

异兽 **类型**

又有朱卷之国。有黑蛇，青首，食象。

解说 又有一个朱卷国。这里有一种黑蛇，长着青色的脑袋，能吞食大象。
黑蛇即是巴蛇，已见于《海内南经》。

海内经

三八六

鸟氏

有盐长之国。有人焉鸟首，名曰鸟氏。

解说 有一个盐长国。这里的人长着鸟一样的脑袋，名叫鸟氏。

类型
异人

形态
长着鸟的脑袋

异象
无

又有黑人，虎首鸟足，两手持蛇，方啖之。

解说 还有一种黑人，长着老虎一样的脑袋，禽鸟一样的爪子，两只手都拿着蛇，正在咬嚼(jué)吞食。

类型
异人

形态
长着虎头、
鸟爪，
两只手
都拿着蛇

异象
无

hēi rén

黑人

类型　神

形态　人首蛇身，长如辕，左右有首，衣紫衣，冠旃冠

异象　一个国家的国君若能得到并祭祀他，能称霸天下。

有人曰苗民。有神焉，人首蛇身，长如辕，左右有首，衣紫衣，冠旃（zhān）冠，名曰延维，人主得而飨食之，伯天下。

解说　有一种人名叫苗民。这地方有一位神，长着人的脑袋，蛇的身子，身长如车辕，左右两侧各有一个脑袋，穿着紫色的衣服，戴着用毡做成的帽子，名叫延维，一个国家的国君若能得到并祭祀他，就能称霸天下。

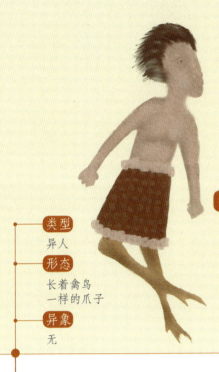

yíng mín

赢民

有赢民，鸟足，有封豕。

解说 有一个叫赢民的部落，人们长着禽鸟一样的爪子。那里还有大野猪。

类型
异人

形态
长着禽鸟
一样的爪子

异象
无

有赢民，鸟足，有封豕。

解说 有一个叫赢民的部落，人们长着禽鸟一样的爪子。那里还有大野猪。

类型
凶兽

形态
膘肥体壮

异象
无

fēng shǐ

封豕

kǒng niǎo

孔鸟

又有青兽如菟，名曰菌狗。有翠鸟。有孔鸟。

解说 另外有一种青兽，样子像兔子，名叫菌狗。有翠鸟，有孔雀鸟。

孔鸟即孔雀。李时珍《本草纲目》说："孔雀，交趾雷罗诸州甚多，生高山乔木之上，大如雁，高三四尺，不减于鹤，细颈隆背，头栽三毛长寸许。数十群飞，栖游冈陵。雌者尾短，无金翠；雄者三年尾尚小，五年乃长二三尺。夏则脱毛，至春复生。自背至尾有圆文，五色金翠，相绕如钱。"

jūn gǒu
甽 狗

又有青兽如菟，名曰甽狗。有翠鸟。有孔鸟。

解说 又有一种青兽，样子像兔子，名叫甽狗。有翠鸟，有孔雀鸟。

类型
异兽
形态
样子像
兔子
异象
无

北海之内，有蛇山者，蛇水出焉，东入于海。有五采之鸟，飞蔽一乡，名曰翳鸟。又有不距之山，巧倕（chuí）葬其西。

解说 北海之内，有座蛇山，蛇水从这里发源，向东流入大海。有一种长着五彩羽毛的鸟，成群地飞起而遮蔽一乡的上空，名叫翳鸟。还有座不距山，巧倕便葬在不距山的西面。

类型
瑞鸟
形态
长着五彩羽毛
异象
无

yì niǎo
翳 鸟

xuán bào
玄豹

<table>
<tr><td>类型</td><td>珍兽</td></tr>
<tr><td>形态</td><td>虎身白点</td></tr>
<tr><td>异象</td><td>无</td></tr>
</table>

北海之内，有山名曰幽都之山，黑水出焉。其上有玄鸟、玄蛇、玄豹、玄虎、玄狐蓬尾。

解说 北海之内，有一座山名叫幽都山，黑水从这里发源。山上有黑鸟、黑蛇、黑豹、黑虎，还有蓬尾的黑狐。

玄豹又称黑豹，是一种珍兽，虎身白点。传说文王囚羑里，散宜生得玄豹，献给纣王，纣王大悦，文王得以解救。

dīng líng guó
钉灵国

有钉灵之国，其民从膝已下有毛，马蹄，善走。

解说 有一个钉灵国，这里的人膝盖以下都有毛发，长着马的蹄子，善于行走。

类型
异人

形态
膝盖以下
都有毛发，
长着马的蹄子

异象
无

北海之内，有山名曰幽都之山，黑水出焉。其上有玄鸟、玄蛇、玄豹、玄虎、玄狐蓬尾。有大玄之山。有玄丘之民。有大幽之国。有赤胫之民。

解说 北海之内，有一座山名叫幽都山，黑水从这里发源。山上有黑鸟、黑蛇、黑豹、黑老虎，还有蓬尾的黑狐。有座大玄山。有一种玄丘民。有一个大幽国。有一种赤胫民。

类型
异人

形态
膝盖以下
正赤色

异象
无

chì jìng mín
赤胫民

图书在版编目（CIP）数据

绘山海：山海经图鉴 / 史克绘. -- 北京：团结出

版社，2022.11

ISBN 978-7-5126-9625-9

Ⅰ.①绘… Ⅱ.①史… Ⅲ.①历史地理—中国—古代

②《山海经》—图集 Ⅳ.①K928.631-64

中国版本图书馆CIP数据核字(2022)第173192号

出版： 团结出版社

（北京市东城区东皇城根南街84号 邮编：100006）

电话： （010）65228880　65244790 (传真)

网址： www.tjpress.com

Email： zb65244790@vip.163.com

经销： 全国新华书店

印刷： 大厂回族自治县德诚印务有限公司

开本： 179×250　1/16

印张： 26.25

字数： 350千字

版次： 2022年11月 第1版

印次： 2022年11月 第1次印刷

书号： 978-7-5126-9625-9

定价： 168.00元